U0117575

從繪本與文本的參照

# 探索宋代幾項女性議題

劉芳如著

藝術叢刊

文史哲出版社印行

國家圖書館出版品預行編目資料

從繪本與文本的參照 **探索宋代幾項女性議題** /
　　劉芳如著.--初版.-- 臺北市：文史哲, 民 94
　　面： 公分.(藝術叢刊；17)
參考書目： 面
ISBN978-957-549-621-0 (平裝)
1. 繪畫 – 中國 –（宋）（960-1279）
2. 人物畫 – 作品評論

909-205　　　　　　　　　　　　　94016796

# 藝 術 叢 刊 　17

從繪本與文本的參照

# 探索宋代幾項女性議題

著　　者：劉　　　芳　　　如
出 版 者：文 史 哲 出 版 社
http://www.lapen.com.tw
登記證字號：行政院新聞局版臺業字五三三七號
發 行 人：彭　　　正　　　雄
發 行 所：文 史 哲 出 版 社
印 刷 者：文 史 哲 出 版 社
臺北市羅斯福路一段七十二巷四號
郵政劃撥帳號：一六一八○一七五
電話886-2-23511028 ・傳真886-2-23965656

**實價新臺幣三二○元**

二○○五年（民九十四）九月初版

著財權所有 ・ 侵權者必究
ISBN978-957-549-621-0　　　91117

# 關於本書

　　這是一本探討宋畫女性樣貌，並且藉助畫中的女性形象，與宋代文獻交互參照，試圖爲當時的女性議題，提出合理詮釋的小書。

　　民國九十二年四至六月，故宮舉辦了一項「群芳譜－女性的形象與才藝」特展，筆者忝爲策展五人小組的一員，得以就「中國藝術中的女性」這項原本即已極感興趣的主題，進行更深入的探究。雖然在展覽推出之際，適逢SARS入侵台灣，以致無法如策展小組原先的期待，吸引眾多參觀人潮；不過，策展小組仍然在「婦容」、「婦職」與「婦才」等三個分項主題底下，具體勾勒出中國古代婦女豐富的面向，同時合力編纂了與展覽同名的研究圖錄，該書並獲頒爲九十二年度政府優良出版品，堪稱是對「群芳譜」展出形式與研究成果的莫大肯定。

　　同年六月三十日，筆者即以〈形象之外－論宋畫所反映的女性觀點〉爲題，於「女性的形象與才藝」學術研討會中，發表口頭報告。會中，主評人王耀庭處長及與會學者均曾提出寶貴的意見，也是本書據以重新改寫與補充的基礎。

　　書末附錄的「宋代與女性相關的美術著錄」，係從「群

芳譜」策展過程中，陸續彙集的資料，加以整編而成，希望能裨益於讀者檢索與參考。

　　論文修正迄今，距離初始動筆的民國九十二年，匆匆已過兩度春秋，其間，由於歷經了母親中風、輾轉病榻，乃至辭世的重大衝擊，幾度中輟，幾乎難以為繼，而今終於得以完稿付梓，謹將這本探索女性議題的小書，獻給在天上的慈母，聊表為人子女的一份追思之情！

劉芳如 記於故宮書畫處

2005 年 8 月

從繪本與文本的參照
# 探索宋代幾項女性議題

# 目　次

# 摘　要

宋代（960-1279）因爲程、朱理學思想抬頭，女性的社會地位，逐漸由開放傾向於封閉。倘若從中國歷史的總體發展態勢來觀察，宋代女性堪稱是處於一種轉型的關鍵時期。

宋代的繪畫作品，素來以注重寫生、描繪細膩而著稱，而且其中，頗不乏以女性形象爲表現主題的佳構。雖然這些繪本，絕大部分是出自男性藝術家之手，不見得能完全解讀成女性看待自己的方式，但是在存世女性畫家作品幾乎已付諸闕如的情況下，男性的畫筆，仍然適時扮演了當時女性「代言人」的角色。

本書的撰寫動機，便是試圖透過繪本觀察，來探索宋代藝術與現實之間的鏈結關係，同時，也將援以印證宋人文字著述中曾經揭示的女性議題。所論述的內容，擬分別納入「閨閣形象與才情表現」、「婦職與婦德典範」、「閨怨與女子再婚」等三個章節中，期望能藉此廓清宋代女性的理想典型，乃至形象以外的女性問題，由於所涉及的層面不只一端，遂以幾項議題來爲本書命名。

關鍵詞：

閨閣形象、女性才情、女權、婦職、婦德典範、閨怨、再婚

# Painting and Literary Sources in an Investigation of Several Women's Issues in the Sung Dynasty

## Abstract

With the emergence of Neo-Confucianist thought of the Ch'eng Brothers (Ch'eng Hao and Ch'eng I) and Chu Hsi in the Sung dynasty (960-1279), the role of women in society became increasingly closed. Observed within the framework of overall developments in the history of China, it would appear that women in the Sung dynasty stood at a key turning point at the time.

Many Sung dynasty paintings focus on and are famous for their "sketching from life" and delicate rendering. Among them, it is not uncommon to find fine examples with images of women as the main subject. Although most of these paintings come from the hands of male artists and cannot necessarily be fully read as a way to interpret how women viewed themselves, the almost complete lack of surviving works by Sung women artists brings the focus back to men painters, whose works still can be analyzed in their role as "spokesmen" for women at the time.

The motivation behind this essay is an attempt to explore the relationship between Sung dynasty art and life through the observation of paintings. At the same time, writings by Sung dynasty authors are also cited as evidence to bring light upon women's issues. The contents discussed herein are tentatively divided into three chapters entitled "Images of Ladies and Expressions of Talent", "Women's Occupations and Female Paragons", and "Women's Voices and Remarriage". This is done in the hope of being able to dissect the idealized model of Sung dynasty women and discuss issues beyond mere formal appearances. Since it involves more than one level, this essay will deal with several issues related to women of the Sung dynasty.

**Keywords:** Images of ladies, women of talent, women's rights, occupations of women, paragons of female virtue, women's voices, remarriage

從繪本與文本的參照

# 探索宋代幾項女性議題

# 壹、前　言

　　中國婦女社會地位的演變，若從總體發展的態勢觀之，約可勾勒出一道由上而下的拋物形曲線。[1]宋代（960-1279），處於這種逐步下降的趨勢中，適值一次轉型的關鍵時期。

　　在將近三百二十年的國祚當中，不僅女子的婚姻觀念，由初始的容許再嫁，漸趨於獎勵守寡，反制二度婚姻。中期以後，理學觀念盛行，諸如「婦道之常，順為厥正。」[2]「男女不親授受，嫂叔不通問……。」[3]「餓死事極小，

---

[1] 中國數千年的古代社會，雖然基本上仍是一種以男性為主導的環境架構，因為「男尊女卑」（語出《周易》）、「男主外，女主內」（語見《大易通解》）、「女子以弱為美」（源自班昭《女誡》），與「女子無才便是德」（參見《易酌》）等說法，自古即已有之；但是，相較於唐代之曾有女主武后（624-705，690-705在位）當政，與安祿山「只知有母，不知有父」（參考鄭綮《開天傳信記》）的觀念，乃至明、清以後，陸續出現的「婦人無貴賤，母以子貴，妻以夫貴」（錢泳《履園叢話》）、與強調「貞女、烈婦」等觀點，不難比較出，中國女性地位的衍變，無疑是每況愈下的。

[2] 張載（1020-1077），《橫渠女誡》，見《張子全書》（台北：台灣商務印書館，1986，景印文淵閣四庫全書，第697冊，頁298），卷13。

[3] 衛湜（13世紀），《禮記集說》（景印文淵閣四庫全書，第117冊，頁37），卷1。

失節事極大。」[4]等言論的抬頭，益發驅使女性的生活領域，日漸狹隘。就連纏足的習俗，也是從宋朝以後，逐步地蔚成時尚，其用意，自不外乎想限制女性的活動力。

　　時隔千餘年，要具體重塑有宋一代，女性的想法與價值觀，除了透過當時文史資料的記載，時代可靠、描摹真實的畫跡，自然也提供了極重要的佐證。

　　今日猶能得見的宋畫真跡，向來被認定為中國古代藝術的強棒。其中，絕不乏以女性形象為描繪主題的佳構。儘管這些作品，絕大多數都出自男性藝術家之手，不見得能完全解讀成女性看待自己的方式，但是在女性畫家作品付諸闕如的情況下，男性的畫筆，仍然適時扮演了當時女性「代言人」的角色。特別是宋畫所強調的寫生與寫實觀念，更足以忠實反映宋代女性豐富的樣貌。

　　本書的撰寫，主要著眼於探索宋代繪本與現實之間的關聯，另外，也將援以印證宋人文字著述中，曾經揭示的女性議題。所擬論述的內容，將分別納入「閨閣形象與才情表現」、「婦職與婦德典範」、「閨怨與女子再婚」等三個章節中，期望能藉此廓清宋代女性的理想典型，乃至於形象以外的女性問題。

　　部分宋畫，固然題材或技法遠源於宋代之前，例如：陳居中〈文姬歸漢圖〉是圖寫漢代（西元前 206-西元 220）

---

[4]　朱子（1130-1200），《二程遺書》（景印文淵閣四庫全書，第 698 冊，頁 241），卷 22 下。

才女的故實，牟益〈擣衣圖〉也取材自南朝宋（420-479）
的文學作品，而宋人〈女孝經〉則是藉助圖像，闡釋唐代
（618-907）同名的經典意涵等等；但是在講古與摹古的
外衣底下，上述畫蹟，依舊清楚映現出宋人的思維模式。
這類「汲古以創新」的作品，不僅具備極高的藝術鑑賞價
值，更涵融了深刻的文化底蘊，也被本書一一擷取為引證
的重要憑據。

# 貳、閨閣形象與才情表現

## 一、宋人理想的閨閣形象

　　宋代描繪閨閣女子形象的繪畫，若以台北故宮典藏的仕女畫爲例，至少可以舉出三件典型作品。

　　其中宋人〈繡櫳曉鏡〉（圖 1），收在〈宋元名繪〉冊第八開。此作原本係一柄兼具招涼功能的繪畫執扇，後來爲了便於保存，才改裝成冊頁形式。畫幅本身並沒有落款，舊籤題雖定爲北宋王詵[5]（1036-1099 後），但未必真確。

　　畫上的三名女子，一人正對鏡梳妝，另二人則手捧匲盒，緩步行來。觀其形容舉止，各個婉約而嫺靜，再搭配上碧樹重蔭，屏榻錯落的庭院景，益使全幅洋溢著典雅與寧謐的氣息。

　　倘若藉助此作，來檢視宋代看待閨閣女子的方式，似乎當時人比較推崇舉止安祥、性情柔順的類型。而對照當時的文獻著錄，司馬光（1019-1086）在《家範》一書中，

---

[5]　王詵，字晉卿，本籍山西太原，後居汴京。是北宋中期的傑出畫家兼書畫收藏鑑賞家。《宋史本傳》載：「王詵……尚英宗女蜀國公主，爲利州防禦使。」存世作品有〈漁村小雪圖〉（北京故宮藏）與〈烟江疊嶂圖〉（上海博物館藏）。參翁同文，〈王詵生平考略〉，《藝林叢考》（台北：聯經出版事業公司，1977），頁 71-104。

的確曾經揭示:「為人妻者,其德有六。一曰柔順,二曰清潔,三曰不妒,四曰儉約,五曰恭謹,六曰勤勞。」[6]同書並且強調:「婦人專以柔順為德,不以強辯為美也。」[7]固然,崇尚女子柔順的觀點,並不是由宋人所獨創,至遲在東漢(25-220)初年,類似的理念即已出爐。因為班昭(約49-120)的《女誡》〈敬慎〉篇中,便有「陰陽殊性,男女異行。陽以剛為德,陰以柔為用,男以彊為貴,女以弱為美。」的說法[8]。只不過,部分宋代女性為了彰顯柔、弱的美感,往往會採取更具體的行動,來徹底形塑這種美的理想典型。纏足[9],即是一例。

〈繡櫳曉鏡〉中,三名女子的群裾底下,均露出一小截鞋尖。雖然無法窺見全貌,不便推測她們是否經過纏足。但是在兩宋之際,纏足的風氣,確實已從北方傳到了

---

6　司馬光,《家範》(景印文淵閣四庫全書,第696冊,頁708),卷8,〈妻上〉。

7　同前註。

8　參范曄,《後漢書》(台北:鼎文書局,1987),卷84〈列女傳〉,第74,頁2788。

9　纏足之風,始於五代(907-960)。南唐(937-975)的宮嬪窅娘,纖麗善舞,後主李煜(961-975在位)遂製作六尺高的金蓮,並命窅娘以帛繞腳,纖曲成作新月狀,素襪舞於蓮花中,回旋若有凌波之態。參韋溪、張葳,《中國古代婦女禁忌禮俗》(西安:陝西人民出版社,1994),頁30。及,中野美代子,〈中國女性史斷面─姓・名・性・時間〉,《中國歷代女性像展─從楊貴妃到西太后》(東京:旭通信社,1987),頁32。另參汪玢玲,《中國婚姻史》(上海:上海人民出版社,2001),頁227。

南方。

　　陶宗儀（14 世紀）的《說郛》，曾經具體描述宣和（1119-1125）以後，閨閣仕女的裝束，書中說道：「汴京閨閣粧抹，凡數變。……宣和已後，……花韡弓履，窮極金翠。一襪一領，費至千錢。」[10]另外，《宋史》〈五行志三‧木〉也談到，理宗（1225-1264）時，宮妃們「束足纖直，名『快上馬』。」[11]無論是「花韡弓履」，或者「束足纖直」，形容的都是女子纏足之後，所穿的鞋襪，以及外觀呈現的樣態。[12]

　　由今日看來，纏足之舉不僅有違健康，行為更近乎自虐，但在當時，卻是很多男性欣賞與推崇的焦點。比如蘇軾（1037-1101）的《菩薩蠻‧詠足》，便對纏足女子走路的姿態，形容得極為貼切：「涂香莫惜蓮承步，長愁羅襪凌波去，只見舞回風，都無行處蹤。偷穿宮樣穩，并立雙趺困，纖妙說應難，須從掌上看。」陶宗儀的《說郛》甚至還引述宰相章惇（11 世紀）的話，寫道：「章相言，近世有古所不及者三事，洛花、建茶、婦人腳。」[13]據此觀

---

[10]　陶宗儀，《說郛》（景印文淵閣四庫全書，第 877 冊，頁 634），卷 30 下。

[11]　元‧脫脫，《宋史》（景印文淵閣四庫全書，第 281 冊，頁 302）卷 65。

[12]　弓履的形象，在南宋〈雜劇人物圖〉中，可以見及。圖載劉正、薛強編，《宋代小品畫畫集》（天津：天津人民美術出版社，2001），頁 112。

[13]　陶宗儀，《說郛》（景印文淵閣四庫全書，第 876 冊，頁 622），卷

想，古今審美之別，真是不可同日而語！

　　故宮另幅〈招涼仕女圖〉（圖 2），重裱後添加的簽題雖標成錢選（約 1239-1301）所作。但是此畫的風格，若與傳世具有錢選名款的作品，諸如〈羲之觀鵝〉、〈貴妃上馬圖〉相比，不僅毫不遜色，甚至還更高一籌，所以，此畫作者的年代，很可能是比錢選稍早的南宋宮廷名手。[14]

　　此作描寫二名佳麗手持紈扇，輕步慢搖，消暑於布置有湖石、花木的庭園中。與前舉之〈繡櫳曉鏡〉相較，〈招涼仕女〉裡的女性，身形更見窈窕。倘若她們足底所躡者，又是一雙經過層層纏繞的三寸金蓮，行走之際，豈不是更加惹人憐愛嗎？宋代文人盧炳（13 世紀前半）的〈柳捎青〉，即有「蘭蕙心情，海棠韻度，楊柳腰肢，步穩金蓮，手纖春筍，膚似凝脂。」[15]的詞句，援此來與〈招涼仕女〉兩相對照，盧炳的形容，無疑相當貼近於畫中女子步履安舒、遲緩的纖纖弱質。

　　〈招涼仕女〉中，綠衣女子所戴那頂宛若蓮花造型的超高巾冠，也是全畫極引人注目的焦點。這類花冠，大多仿自真實花卉，亦常命之以花的名稱。[16]江兆申〈讀畫劄

---

12 下。

[14] 參江兆申，〈讀畫劄記之一〉，《雙谿讀畫隨筆》（台北：國立故宮博物院，1977），頁 49。

[15] 收在陳夢雷編，《古今圖書集成》（台北：鼎文書局，1976），明倫彙編，閨媛典，閨媛總部，藝文十七。

[16] 參沈從文，《中國古代服飾研究》（上海：上海書店出版社，2002），頁 449-451。該文又稱〈招涼仕女〉中的巾冠名「重樓子花冠」。

記〉一文以爲，此畫的冠帽，可能承襲自後蜀（934-965）「蓮花冠」的遺制。[17]蓮花於宋代以後，確實已成爲女性喜愛與讚詠的對象。[18]藉助蓮花造型來製作巾冠，不僅外觀具備視覺的美感，更隱含了寄託人生願望和激勵高尚氣節的意涵。

　　只可惜，相同造型的蓮花冠飾，在存世的宋畫當中，並未發現第二個實例，倒是〈招涼仕女〉著白衣那名女子的高冠，尙可在河南偃師九流溝宋墓出土的畫像磚上，得見形制幾乎一模一樣的冠飾。（圖 3）[19]由於戴冠者的身分，僅爲一般家庭的廚娘，若依據冠帽的明顯差異來推斷，〈招涼仕女〉中的兩名女性，應該是一主、一僕的關係。

　　類似的閨閣形象，可再引宋人〈浣月圖〉軸（圖 4）爲例。此作在清代重裝後，包首上的簽題定爲五代人所作，但是細審畫中樹石的畫法，暗藏著提頓與點丟的誇張筆調，與五代較沉穩、內斂的風格，如荊浩（10 世紀）〈盧山圖〉、關同（10 世紀）〈秋山晚翠〉、巨然（10 世紀）〈層巖叢樹〉等作，均不相似；再加上庭園配置與家具器用，比較接近宋代院畫中所見到的樣式，故爾推斷此作應係南宋宮廷畫師，根據早期的畫本所改繪。民國八十九年故宮舉辦「千禧年宋代文物大展」時，〈浣月圖〉也被視作宋

---

[17]　江兆申，《雙谿讀畫隨筆》，頁 48。
[18]　參嚴明、樊琪，《中國女性文學的傳統》（台北：洪葉文化事業有限公司，1999），頁 70。
[19]　參沈從文，《中國古代服飾研究》，頁 442。

代作品而選為展件。

　　與前舉〈繡櫳曉鏡〉和〈招涼仕女〉相通的是，這三件作品的背景，均屬於佈置典雅，富貴人家的院落；而畫中的窈窕女郎，也都有女侍跟隨陪伴。凡此，在在反映了宋代的高層仕女，大部分過的是閒適的生活，她們難得在大庭廣眾中露面，通常只帶著隨從的女侍，在自家的園囿中活動。

　　〈浣月圖〉裡的侍女，除了左方捧盒、荷琴的兩人外，右方另有一名，正在臨案焚香，似乎是預備給主人對月祈福之用。宋代詞人秦觀（1049-1100）[20]的〈淮海詞‧南歌子〉曾云：「香墨彎彎畫，燕脂淡淡勻。揉藍衫子杏黃裙，獨倚玉欄無語點檀香。」[21]詞中點香祝禱的情境，與〈浣月圖〉對看，頗有幾分契合。

　　〈浣月圖〉中，點香、荷琴的情節，也容易讓人聯想及宋代上流社會所追求的幾種風雅之事，諸如「琴、棋、書、畫」，「燒香、點茶、掛畫、插花」等。[22]這類充滿藝文氣息的消遣，原就被宋代的文人、雅士納入書齋的重要活動，而以男性形象為主題的圖像中，同樣不乏類似情節

---

[20]　秦觀（1049-1100），字少游，又字太虛，號淮海居士。揚州高郵人。神宗時進士，與蘇軾友善。有《淮海居士長短句》傳世。

[21]　秦觀，《淮海詞》（景印文淵閣四庫全書，第 1487 冊，頁 186）。

[22]　參吳自牧，《夢梁錄》（景印文淵閣四庫全書，第 590 冊，頁 162），卷 19。

的描繪，比如宋人〈人物〉[23]、趙佶（1082-1135）〈聽琴圖〉[24]等作，均可引為例證。女性形象的繪畫出現相同母題，除了顯示在女性生活圈中，確實曾經從事這類活動，同時也可依稀看出，以男性為主導的社會，喜愛用才子標準，來形塑理想佳人的傾向。

---

[23] 國立故宮博物院藏，圖載《宋代書畫冊頁名品特展》（台北：國立故宮博物院，1995），頁 171。

[24] 北京故宮博物院藏，圖載劉埠、金濤編，《中國人物畫全集》（北京：京華出版社，2001），頁 135。

## 二、女子出行

　　宋代對於女性的行為規範固然趨於嚴謹，但是當時的閨秀女子，卻還不至於鎮日禁閉繡帷，完全地大門不出，二門不邁。至少，孟元老（12 世紀前半）《東京夢華錄》（1146 序）卷六，曾經有如此的記載：「**正月一日，……向晚，貴家婦女縱賞觀睹，入場觀看；入市店飲宴；慣習成風，……。**」[25]可見在某些特定的時間，諸如新年、寒食、冬至等節日，女子仍舊不乏出入公共場所的機會。

　　若再就實際的畫作來觀察，在北宋末張擇端（12 世紀前半）〈清明上河圖〉卷的中段，便繪有婦人懷抱幼子，佇立於店肆前購物（圖 5），以及乘轎行經市街的情景（圖5-1）。透過轎子兩側開啟的小窗，還可以約略瞧見轎中女子的面龐。[26]

　　女子出行，除了採取乘轎的方式，〈清明上河圖〉卷首，尚可見到女子頭戴帷帽，騎著小驢，自郊外踏青歸來。（圖 6）無獨有偶，台北故宮收藏的宋人（舊傳李唐，約1049-1130 後）〈文姬歸漢〉冊第二開「北行」（圖 7），也有類似的造型。此作描寫被俘擄的文姬，身騎白馬，在五色旌旗的簇擁下，隨著匈奴的蕃騎北行。畫中，文姬所戴的帷帽，沿著帽緣，垂下一圈半透明的紗絹，令外人不易

[25]　孟元老，《東京夢華錄》（景印文淵閣四庫全書，第 589 冊，頁 149），卷 6。
[26]　圖載《中國人物畫全集》，頁 130。

窺得戴帽者的容顏，她自己則可以略見紗外的景物。[27]

　　周煇（12 世紀）於《清波雜志・別志》中，嘗提及：「婦女步通衢，以方幅紫羅障蔽半身，俗謂之蓋頭，蓋唐帷帽之制也。」[28]由明人所輯的《性理大全書》，也引述司馬光所言，說道：「婦女無故不窺中門……婦人有故出中門，必擁蔽其面，如蓋頭、面帽之類。……雖小婢亦然。」[29]無論是蓋頭、面帽，或者帷帽，其使用的目的，除了援以擋風、防塵之外，更重要的理由，則是爲了維護「男女有別，不親授受」的禮儀規範，不教閨秀女子的面貌，於外出之際，被異性一覽無遺。

---

[27] 劉芳如，〈解讀文姬歸漢冊〉，《故宮文物月刊》第 147 期（1995 年 6 月），頁 14、22。

[28] 周煇，《清波雜志・別志》（景印文淵閣四庫全書，第 1039 冊，頁 105），卷 2。書中所提及的唐代「帷帽」，在唐人〈明皇幸蜀圖〉裡，幾位騎馬婦人的頭頂，可以得見具體形象。圖載王耀庭等編，《故宮書畫菁華特輯》（台北：國立故宮博物院，1996），頁 50。

[29] 胡廣（15 世紀前半）等，《性理大全書》（景印文淵閣四庫全書，第 710 冊，頁 424），卷 19。

## 三、女性才情

宋代女子受教育的機會，遠不及男子之普遍，導致女性展現才藝的領域，也因此而受到侷限。理學大師朱熹（1130-1200）甚至說過：「**本朝婦人能文，只有李易安**[30]**與魏夫人**[31]**。**」[32]

朱子的話，或許言過其實了。實際上，宋代能讀、會寫的傑出女性，並不只此，比如：宋末何谿汶的《竹莊詩話》便引述魏泰[33]的話，說道：「**近世婦女多能詩，往往有臻古人者，王荊公家最眾。**」[34]意指王安石（1021-1086）[35]的妻子、妹妹、女兒、姪女，都會寫詩。又如，司馬光

---

[30] 李清照，號易安居士，濟南人。禮部員外郎李格非之女，母親是狀元王拱宸的孫女。自幼聰穎，適太學生趙明誠。有《漱玉詞》一卷傳世。據傳，李清照亦善書畫，曾將白樂天〈琵琶行〉圖而書之，又嘗畫〈墨竹〉及自書〈一翦梅〉詞，惜今已不復得見。參譚正璧，《中國女性的文學生活》（台北：華嚴出版社，1995），頁 199。

[31] 魏夫人（約 1037-1096），襄陽人。曾布（1036-1107）妻，魏泰之姊。參周宗盛，《中國才女》（台北：水牛圖書出版事業有限公司，1992），頁 105-113。

[32] 收在清聖祖御定，李光地等編，《朱子全書》（景印文淵閣四庫全書），卷 65，頁 19。

[33] 魏泰，曾布之婦弟，著有《臨漢隱居詩話》。

[34] 何谿汶，《竹莊詩話》（景印文淵閣四庫全書，第 1481 冊，頁 784），卷 22。

[35] 王安石，臨川人。神宗時兩度為相，屬行變法。有《半山老人詞》傳世。小傳見《宋史》（景印文淵閣四庫全書，第 286 冊，頁 331），

〈程夫人墓誌銘〉亦言：「**夫人喜讀書，皆識其大義。軾、轍之幼也，夫人親教之。**」[36]能夠調教出像蘇軾、蘇轍這樣的大文豪，母親的學識底子，想必也不同凡響。

至於像李清照（1084-1155）、朱淑貞（約 1135-1180）[37]這樣不世出的閨秀才女，固然最為人所熟稔與推崇。但是，北宋時期，杭州地區同樣出過文采風流的官妓。如周韶、胡楚、龍靚等幾位，不僅有詩作流傳于後世，在當世，均受到著名文學家蔡襄（1012-1067）、蘇軾（1037-1101）等人的讚賞。[38]

若據厲鶚（1692-1752）《宋詩紀事》[39]來統計，宋代的女性作詞者，即多達一百零六人。而《全宋詩》中，女性作者亦有一百零七人。她們的身份，上自皇后、宮嬪、閨秀，下至妓女，分布於各個不同的領域。

文學之外，宋代擅長丹青的女性，也有數人見載於畫史著錄。譬如《宣和畫譜》（1120）卷六，即謂：「**婦人童氏，江南人也，莫詳其世系，所學出王齊翰，畫工道釋人**

---

卷 327。

[36] 司馬光，《傳家集》（景印文淵閣四庫全書，第 1094 冊，頁 719），卷 78。

[37] 朱淑真，號幽栖居士，錢塘人。兼通詩詞、繪畫、音律，與曾布妻為詞友。有《斷腸集》傳世，存詞三十一首。參譚正璧，《中國女性的文學生活》（台北：華嚴出版社，1995），頁 215-223。

[38] 參嚴明，《中國名妓藝術史》（台北：文津出版社，1992），頁 306。

[39] 厲鶚，《宋詩紀事》，收在《景印文淵閣四庫全書》，第 1484-1485 冊。

物。童以婦人而能丹青，故當時縉紳家婦女往往求寫照焉。有文士題童氏畫詩曰：『林下材華雖可尚，筆端人物更清妍；如何不出深閨裏，能以丹青寫外邊。』」[40]

　　同書卷十六，又謂：「宗婦曹氏，雅善丹青，所畫皆非優柔軟媚取悅兒女子者。真若得于游覽，見江湖山川間勝概以集于毫端耳。嘗畫桃溪蓼岸圖極妙，有品題者曰，詠雪才華稱獨秀，回文機杼更誰知，如何鸞鳳鴛鴦手，畫得桃溪蓼岸圖。由此亦顯其名于世，但所傳者不多耳，然婦人女子能從事于此豈易得哉。」[41]

　　另外，鄧椿（約1127-1189）《畫繼》（1167）卷五〈世胄婦女〉，則收錄了兩位善畫的女性：「朝議大夫王之才妻崇德郡君李氏，公擇之妹也。能臨松竹木石，見本即為之，卒難辨，又與可每作竹以貽人。……作詩曰，偃寒宜如李，揮毫已逼翁，衛書無遺妙，琰慧有餘工，熟視疑非筆，初披颯有風，固藏惟謹鑰，化去或難窮，……。」「和國夫人王氏，顯恭后之妹，宗室仲輗之室也，善字畫，能詩章，兼長翎毛，每賜御扇，即翻新意仿成圖軸，多稱上旨，一時宮邸珍貴其跡。」[42]

　　只可惜這四位女姓畫家的作品，均不見畫跡流傳，如今僅能憑藉書中描述，來略略追摹她們的筆下風采了。

---

[40] 收在中國書畫全書編纂委員會，《中國書畫全書》（上海：上海書畫出版社，1993），第2冊，頁80。

[41] 同前註書，頁113。

[42] 同前註書，頁715。

　　至於存世宋畫中，描繪女性從事藝文活動的情節者，也近乎鳳毛麟角。現藏北京故宮的宋人〈女孝經圖〉卷[43]（圖8），其中〈夫人章〉一節，描繪三名女子於書齋中對語的情景。那位倚著桌案端坐的婦人，儼然扮演著老師的角色－很可能正是學識淵博的漢代才女班姬（曹大家）[44]。兩位拱手肅立的宮裝女子，表情必恭必敬，正專注地傾聽她的教誨。而台北故宮宋人〈女孝經圖〉卷的〈開宗明義章〉裡，雖然也有曹大家向宮女講學的情節，卻並未畫出書本和桌案，惟見班姬手拈紈扇輕搖，乍看之下，與尋常的仕女圖其實無甚差別。（圖9）

　　另外一件與女性書寫相關的作品，則可舉宋人（舊傳李唐）〈文姬歸漢〉冊的第九開〈家書〉為例（圖10）。畫幅中的文姬（162-229），盤腿坐於氍毹底下，膝間放置了一截素帛，舉起的右手，正移向脣齒間。此段所描寫者，是文姬試圖仿效蘇武刺血寄書，托付鴻雁將訊息傳回故鄉。幅上方，拍文所述，形容的正是這種迫切思鄉的心緒：「當日蘇武單于間，道是賓鴻解傳信，學他刺血寫得書，

---

[43] 參見Patricia Buckley Ebrey, "The Inner Quarters: Marriage and the Lives of Chinese Women in th Sung Period"( California: University of California Press, 1993), pp.120-121.圖載郭學是編,《中國歷代仕女畫集》（河北：天津人民美術出版社，1998），圖 28。

[44] 北京故宮與台北故宮收藏的〈女孝經圖〉，圖繪部分的排序並不完全相同。其中，北京本的〈夫人章〉與台北本的〈開宗明義章〉的描繪內容極為相近，本文參酌台北故宮本的順序，將兩段畫面均解讀為曹大家向宮女講學。

書上千重萬重恨。」文姬是東漢傑出的才女，由於寄身亂世，於兵戎中被俘，遭逢到空前的磨難，身世固然堪憐。但她也因此激發出創作潛能，遺留下千古傳唱的文學作品。

　　前舉〈女孝經圖〉和〈文姬歸漢圖〉，均出自南宋院畫家之手。儘管畫中的主角－班姬和蔡琰俱為一代才女，但是畫家創作的動機，卻不單是為了彰顯她們的才學，而是各自有其禮教與政治的目的。這些，在本書第叁章與第肆章中，均將再詳作論列，於此暫時從略。

　　何以宋畫中描繪女性才華的作品，遠比實際存在的才女為少？原因當然和宋人素來認定婦女的最高標準是「賢良」，而非「賢能」攸關。

　　儘管司馬光的《家範》曾主張女子也應該讀書，但他卻以為女子不宜創作詩歌：「女……八歲始教之書，十五而志於學矣。……為人皆不可以不學，豈男女之有異哉。是故女子在家不可以不讀孝經、論語及詩禮，略通大義。……管絃、歌詩，皆非女子所宜習也。古之賢女，無不好學，左圖右史，以自儆戒。」[45]

　　比司馬光更為偏執的觀點，尚有孫光憲（10世紀）《北夢瑣言》卷六記載的：「才思非婦人之事。」[46]以及曾慥

---

[45] 司馬光，《家範》（景印文淵閣四庫全書，第696冊，頁691），卷6。

[46] 孫光憲，《北夢瑣言》（景印文淵閣四庫全書，第1036冊，頁47），卷6。全文為：「孫氏，樂昌人。進士孟昌期妻也。善詩，每代夫

（12 世紀）《類說》（1136）的：「婦人識字即亂情，尤不可作詩。」[47]

由於這類刻意詆毀女性才情的言論不斷被提出，「女子無才」逐漸成爲值得稱頌的德行，甚至連女才子本身，都不敢肯定識字唸書，與吟詠詩歌的價值了。例如朱淑真的〈自責〉詩中，便曾發抒如是的喟嘆：「女子弄文誠可罪，那堪詠月更吟風？磨穿鐵硯非吾事，繡折金鍼卻有功！」[48]

女性學詩與作畫，既然在現實生活中面臨到諸多侷限，也毋怪乎繪本中刻劃織繡、女紅，以及從事演樂活動的作品，數量明顯地凌駕了再現女性文人的形象。故宮收藏的〈華燈侍宴圖〉軸（圖 11）中，描寫宮廷樂舞的場面，正好具體而微地反映了當時女性才情被許可和獎勵的一面！

此作由於未繫作者款印，舊題僅標爲宋人。但是故宮構圖相仿的作品，除此件之外，另有一件具馬遠（活動於 1189-1224 年間）款者；兩畫筆致皆沉厚，絹素亦古，應

---

作。一日忽曰，才思非婦人事，遂焚其集詩三百。」

[47] 曾慥，《類說》（景印文淵閣四庫全書，第 873 冊，頁 751），卷 43。全文爲：「李義山雜纂云，婦人識字即亂情，尤不可作詩。詩思不出二百里。」

[48] 參韋溪、張葰合著，《中國古代婦女禁忌禮俗》（西安：陝西人民出版社，1994），頁 45。及譚正璧，《中國女性的文學生活》，頁 221。

係一稿兩本，所以目前已同歸入馬遠[49]名下。

　　此圖的內容，描繪正月十五元宵夜，寧宗楊皇后
（1162-1232）之兄楊次山，偕子楊谷、楊石二人，受皇
帝邀宴於御苑中。畫幅下方，老梅樹枝幹橫斜，適值花開
時節。梅影繽紛間，舞孃十六人，姿態婆娑，正為著殿內
夜宴的帝王、大臣們起舞助興。

　　宋代宮廷的舞蹈隊，雖然男女皆有，但女舞隊更具規
模，多者甚至達百餘人，援以因應皇室大量的娛樂需求。
[50]周密（1232-1299）的《武林舊事》裡，即收載有七十種
舞隊的節目。[51]另外，陳均《九朝編年備要》也不乏對於
樂舞的描述：「宮中女樂，列奏於庭……又出嬪女鼓琴玩
舞……宮娥妙舞……宮娥撫琴擘阮……。」[52]

　　宮廷中既然有此龐大的陣仗，民間樂舞的規模，容或
不及，但教坊名妓的歌舞活動，在筆記小說和詩詞作品
中，也屢有生動的描述。例如姜夔（約 1155-1221）的〈過
吳江垂虹橋〉詩，便說：「自作新詞韻最嬌，小紅低唱我

---

[49] 馬遠，河中人。祖父興祖、父世榮、弟遠均為宋代畫院畫家。遠
　　於光宗（1189-1194）、寧宗（1195-1224）時任職畫院待詔，畫山
　　水、人物、花禽，種種臻妙。
[50] 參朱瑞熙等，《遼宋西夏金社會生活史》（北京：中國社會科學出
　　版社，1998），頁 271。
[51] 周密，《武林舊事》（景印文淵閣四庫全書，第 590 冊，頁 195），
　　卷 2，〈舞隊〉。
[52] 陳均，《九朝編年備要》（景印文淵閣四庫全書，第 328 冊，頁
　　753-754），卷 28。

吹簫。」[53]縱使司馬光一度指謫：「教女子以作歌詩，執俗樂，殊非所宜」[54]，但是，透過男女之間的兩情相悅，女性在歌舞、音律方面的才華，還是更容易覓得揮灑的空間！

---

[55] 小紅原是范成大（1126-1193）的家妓，善唱詞曲，後被贈與姜夔為妾。參《中國名妓藝術史》，頁 67。

[54] 收在真德秀（1178-1235），《西山讀書記》（景印文淵閣四庫全書，第 705 冊，頁 646），卷 21。

## 四、皇室女權

對一般宋代女性來說，她們通常是被排擠於權力社會之外的，因為當時的女流不僅毫無躋身仕途的機會，即使詩賦文章做得再好，也不可能像男人那樣去參加科舉考試。[55]然而在皇室之中，有幾位深具才華的女子，由於某些外在環境的激發，還是實際參與了政治，擁有崇高的權勢與地位，也被納入正史，傳諸後世。

宋代諸后當中，真宗劉皇后、仁宗曹皇后、英宗高皇后、神宗向皇后、哲宗孟皇后、高宗吳皇后、寧宗楊皇后、理宗謝皇后、度宗楊淑妃等九人，曾經先後垂簾聽政，大權在握。[56]統計北宋國祚有一百六十七年，后妃參政即達四十一年，南宋國祚一百五十二年，后妃參政亦有四十年。[57]

故宮收藏的宋代帝后畫像，立軸與冊頁各有一組，即〈宋代后坐像〉和〈宋代后半身像〉。畫像中，諸后的容貌，不僅突顯出強烈的個人特質，而同一位皇后的坐像與

---

[55] 宋代朝廷，曾允許女童參加童子科考試，但女子擔任官職者，卻未嘗見聞。記載中，有女童林幼玉在淳熙年間（1174-1189）中選，吳志端在嘉定年間（1208-1224）通過國子監挑試。著錄見《宋會要》選舉 12 之 39。及李心傳，《建炎以來朝野雜記》（景印文淵閣四庫全書，第 608 冊，頁 596），卷 16。

[56] 朱瑞熙等，《遼宋西夏金社會生活史》，頁 116。

[57] 參杜芳琴，〈中國宮廷婦女政治角色研究〉，《性別學與婦女研究——華人社會的探索》（台北：稻鄉出版社，1997），頁 199。

半身像，無論其五官或衣冠，俱十分酷肖。據此演繹，當初製作這些肖像的畫師，至少有一組畫像，是面對著真人來進行描繪的。

本節中，擬以仁宗后、英宗后、高宗后，與寧宗后等四位皇后爲例，略述其參政始末，並且對照形象逼真的肖像畫，來探看她們所展現的女權與奕奕風華。

宋仁宗趙禎（1022-1063 在位）的第二位皇后曹氏，是開國名將曹彬的孫女。她於景祐元年（1034）封后。曹氏的個性內斂、嫻靜，曾在宮苑中親自種穀、養蠶，又勤習飛白帛書。[58]雖然仁宗寵愛張貴妃，刻意冷落曹氏，但她始終謙沖自牧，展現了皇后的氣度與風範。英宗趙曙登基之始（1063），因染疾不能視事，曹太后順應情勢，於內東門小殿參與議決軍國大事。閱年，帝病稍癒，始在宰相韓琦的請命下，撤簾還政。

至神宗趙頊即位（1067），尊曹氏爲太皇太后，侍奉極爲殷勤、孝敬。神宗大膽啓用王安石，變法推行新政，但曹氏深不以爲然，聯同高太后（英宗高皇后）、神宗向皇后，合力反對新黨變法，終於迫使王安石解除了相位。[59]

元豐二年（1079），擔任湖州知州的蘇軾上表批評朝

---

58 《老學齋筆記》，收在丁傳靖輯，《宋人軼事彙編》（台北：商務印書館，1966）卷 1，頁 31。

59 參《宋史》（景印文淵閣四庫全書，第 284 冊，頁 864-866），列傳第一，后妃上。

政，招致御史嚴厲彈劾，幾遭問斬。消息傳至病中的曹氏知悉，她旋即挺身向神宗力保，方才免去了蘇軾的死罪，改貶爲黃州團練副使。

〈宋仁宗后坐像〉（圖12），畫曹后頭戴龍紋花釵冠，身著交領大袖五彩「褘衣」，拱手端坐，兩旁各站立了一名戴「一年景」花釵冠，身穿圓領小簇花錦衣的宮女，一人捧金唾盂，一人執巾帨。[60]與宋代其他的皇后像相比，曹皇后像顯得格外莊嚴而華麗。畫中，曹后的雙眉長如彎月，且眉距頗短，面龐狹長，雖不屬於美豔的類型，但目光與嘴角在在流露了堅毅的個性，與史書中對她的行事記載相當契合。

英宗（1063-1067 在位）皇后高氏的出身也十分高貴，她的母親正是曹皇后的胞姊。慶曆七年（1047），嫁給趙宗實（後改名爲曙，即後來的英宗）。嘉祐八年（1063），趙曙即位爲帝，高氏順理成章地登上后座。四年後，子趙頊繼位，是爲神宗（1068-1085 在位），她又成了皇太后。元豐七年（1084），趙頊生病，高氏實際掌握了軍政大權，並冊立趙煦爲皇太子。等到神宗過世，年僅十歲的哲宗（1086-1100 在位）繼位，高氏更以太皇太后的身分垂簾聽政，繼續操控。

在政治觀點上，高氏與仁宗后一樣，都傾向於保守，

---

[60] 參沈從文，《中國古代服飾研究》，頁 468-470。及申仁編，《故宮舊藏珍寶欣賞》（上海：上海科學技術出版社，2000），頁 17。

對於王安石一系的新黨採取排擠政策，以致舊黨勢力重獲
抬頭。綜觀北宋新舊黨爭的情勢消長，幾位掌握大權的女
主，確實發揮了關鍵的影響力。

　　院藏〈英宗皇帝后〉半身像（圖13）中，高氏的眉型
與仁宗后相當接近，應是兩人互有血緣關係的緣故。兩人
的衣冠、裝束，形式幾乎一致。據《宋史・輿服志》所載，
后妃之服有四款，即褘衣、朱衣、禮衣、和鞠衣。畫像中
所穿者，屬於最尊貴的褘衣。這種禮服的表面織有雙雉文
樣，並列成行，稱為「搖翟」。類似的款式，在神宗后、
孝宗后、徽宗后、欽宗后、高宗后、光宗后、寧宗后的圖
像中，均可見及。

　　南宋高宗（1127-1162在位）皇后吳氏，祖籍開封，
父親為一販珠商人，她於十四歲被選入宮。康王趙構即位
之初，南宋局勢依然嚴峻，吳氏經常身披鎧甲，隨侍於皇
帝左右。宮中衛士一度傳出兵變，也是吳氏騁其才智，努
力周旋，才得以化解危機。[61]

　　高宗的原配邢氏，於靖康之難時被擄往北地，紹興九
年（1139）客死異邦，但金人始終密不發喪。緣此，高氏
雖然深受倚重，卻迄未能躋身中宮正位。直到紹興十二年
（1142）高宗順利迎回生母韋太后，邢皇后的棺槨也一齊
被送返。翌年，吳氏才正式被冊立為皇后。

---

[61] 《宋史》（景印文淵閣四庫全書，第284冊，頁879-881），列傳
　　243卷，后妃下。

　　吳后的參與政事，並不僅止於高宗時期，於爾後的孝宗（1162-1189 在位）、光宗（1189-1194 在位）、寧宗（1194-1224 在位）三朝，亦續有建樹。她文武兼備，是一位具有政治見地的傑出女性，雖然不主動操攬政權，但在立儲與朝代更替的關鍵時刻，均能適時地作出正確判斷，對穩定南宋政局，可謂卓有貢獻。至寧宗慶元三年（1197），才以八十三歲高齡辭世。

　　〈高宗皇帝后像〉中的吳后（圖 14），面容猶十分清麗，畫像完成的時候，應值她中歲之年，仍屬皇后身分的階段。

　　寧宗皇后楊氏（1162-1232），是繼韓皇后過世之後（1200），所冊立的第二位皇后。楊皇后原本不知姓氏，年少時即隨母張氏入宮，擔任一名雜劇女伶。[62]由於得到吳太后的垂愛，將她賜與寧宗，乃得平步青雲。朝臣中，有名楊次山者，經楊后巧作安排，認為胞兄，後始姓楊。

　　楊后雖然出身微賤，卻素好涉獵書史，通曉學識，又善權術，絕不似一般的凡庸女子。開熙三年（1207），原韓皇后之叔侂冑專政，寧宗無法節制，楊后竟能密令史彌遠、夏震予以擊殺，彌平了一場朝廷的政爭。嘉定十七年（1224），寧宗病篤，楊皇后和宰相史彌遠聯手廢皇太子趙竑，另立年方二十的趙昀為新皇帝，是為理宗

---

[62]　《西湖志餘》，收在《宋人軼事彙編》卷 3，頁 88。另參蘇冰、魏林，《中國婚姻史》（台北：文津出版社，1994），頁 224。

（1224-1264）。從此，楊皇后被尊為皇太后，並與理宗一起臨朝聽政，越三年（1225），始撤簾還政。紹定五年（1232）后崩，總計她享年共七十一，諡號曰恭聖仁烈皇后。[63]

除了曾經擁有極高的地位和權勢，楊后亦兼能書畫[64]、詩詞，然畫跡現已不存，僅有幾件書扇和宋畫上，諸如楊妹子〈書扇〉，和馬遠〈華燈侍宴〉、〈倚雲仙杏〉（圖15）、無款〈桃花〉的題記，猶能欣賞到她秀逸的小楷書法與文采。[65]

故宮的〈寧宗皇后坐像〉和〈寧宗皇后半身像〉（圖16），畫中人的容顏均已邁入中年，推斷所畫應即楊皇后，而非較早逝的韓皇后。

宋代諸后，少時的門第各各不同，出身高官仕宦之家者固然有之，但亦不乏商賈或寒門之女。前舉仁宗后和寧宗后，即分別代表了兩種相異的典型。司馬光《後宮等級劄子》亦述及：「是時後宮，軍營、井市下俚婦女，雜處其間。」[66]此語，可謂相當真切地概括出，宋代宮廷對於

---

[63] 《宋史》（景印文淵閣四庫全書，第284冊，頁885-886），列傳243卷，后妃下。另參車吉心編，《中國皇后全傳》（濟南：山東教育出版社，1993），頁641-644。

[64] 《韻石齋筆談》嘗謂：「楊妹子⋯書法類寧宗，御府畫多命題詠」。收在《宋人軼事彙編》卷3，頁90。

[65] 參江兆申，〈楊妹子〉，《雙谿讀畫隨筆》，頁22。

[66] 司馬光，《後宮等級劄子》，《溫國文正司馬公集》，頁248。《四部叢刊》初編（商務印書館）。

后妃的甄選，是採取比較開放的尺度。[67]宋代有多位皇后得以輔佐幼主參政，伸張女權，與這種「婚姻不問閥閱」[68]的擇偶風尚，絕對有其密切關聯！

---

[67] 據《宋史》所載，兩宋四十一位后妃中，出身世宦之家者，共十一人，約僅佔四分之一。較之隋、唐，比例上有極明顯降低的趨勢。參蘇冰、魏林，《中國婚姻史》，頁 224。

[68] 鄭樵（1104-1162），《通志》（景印文淵閣四庫全書，第 373 冊，頁 254），卷 25，〈氏族略〉。

# 參、婦職與婦德典範

## 一、婦　職

　　宋畫的寫實精神，無論在描繪風俗民情，或者闡述道德規範的作品當中，俱有極精湛的演出。透過這些畫筆所勾勒的女性形象，無疑可以幫助後人，揣摩當時對於婦女所扮演角色的期許。

　　李嵩[69]（活動於 1190-1264 年間）〈市擔嬰戲〉（圖17）雖然僅是一件由執扇所改裝成的冊頁小品，但此畫中，貨郎所擔的農具、食物、生活用品、童玩等物，卻是鉅細彌遺，令人嘆爲觀止。幅左方的樹幹上，甚至標示著「五百件」的字樣，足見其琳瑯滿目。

　　〈市擔嬰戲〉裡的村婦，體型健壯，懷中抱著一名手舞足蹈的嬰兒，身旁還圍繞了四名稚齡孩童。顯然，要駕馭這幾名小頑童，洵非易事。

　　在傳統的中國社會裡，爲人母，是女性被期許要扮演好的首要角色；而繪畫中出現的母親，往往會伴隨一名以

---

[69]　李嵩，錢塘(今杭州)人。年少時曾為木工，後來成為院畫家李從訓的養子，得其遺意，擅長於畫人物、道釋題材，尤以善作界畫而聞名。曾任南宋光、寧、理宗三朝(1190-1264)之畫院待詔，被時人尊為「三朝老畫師」。著錄見夏文彥，《圖繪寶鑑》卷4;及厲鶚，《南宋畫院錄》卷5。

上的小孩，這似乎意味著「多子多孫」的理想投射。身為妻子，倘若不能為丈夫生子，完成傳宗接代的任務，她最終的下場，很可能會被迫離異。宋代詞人陸游（1125-1210）與愛妻馬琬的悲劇故事，正是這類情況的典型寫照。[70]

　　宋人對於母親的要求，除了生育，當然還包含了教養。司馬光《家範》中，即有一段概括性的陳述：「為人母者，不患不慈，患於知愛而不知教也。」[71]〈市擔嬰戲〉裡的母親，一方面既要哺育幼兒，一方面還要照管其他的幾名幼童，可謂形象地闡釋出母教的艱辛。

　　北京故宮另有一幀李嵩的〈貨郎圖〉卷（圖18），情節與〈市擔嬰戲〉絕似。儘管該畫中眾人物的姿態，與〈市擔嬰戲〉並不相侔，但是同樣刻畫了村婦、童嬰與貨郎。由於是橫長形式的手卷，所以爭看百貨的幼童，數目比冊頁裡的更多，一共有六名。

　　透過〈市擔嬰戲〉、〈貨郎圖〉等作品所形塑的女性，讓人見識到宋代婦女其實並不全都溫文嫻雅，尤其是中下層社會的勞動婦女，往往不乏潑辣、雄健的典型。事實上，除了特殊的富貴家庭，一般百姓之家的日常庶務，大抵是由妻子來負責打理。這裡所謂的「庶務」，包括了對子女的教育、監護，以及懲罰，乃至如採桑、養蠶、繰絲、紡紗、織布之類較為粗重的工作，都經常仰賴女性的勞力。

---

[70] 陸游的婚姻故事，另見本書第肆章第二節〈守節或再婚〉。

[71] 司馬光，《家範》（景印文淵閣四庫全書，第696冊，頁671），卷3。

在當時，廣州地區還流行過「婦人強，男子弱」的說法。
此一俗諺，充分證實了，基層女性甚至擔負著比男性更為
繁重的勞務。[72]

　　檢視宋代留存的圖像中，刻劃女性勞動的作品，要以
現藏於北京故宮的王居正[73]（11 世紀）〈紡織圖〉（圖 19）[74]，
最為貼近基層婦女的真實形象。此幀手卷，描寫婆媳二人
合力紡紗的情景。畫中的婆婆，骨瘦如柴，又彎腰駝背，
而搖紡車的媳婦則是一邊工作，一邊猶抱著吃奶的嬰兒。
由於兩人都面容憔悴，衣衫襤褸，完全揭露出她們雖終日
辛勞，卻猶不得溫飽的窘迫境遇。

　　台北故宮的宋人〈女孝經〉第五段〈庶人章〉（圖 20）
裡，同樣有婦女紡紗、縫衣的情節。所不同者，此畫係出
自宮廷畫師，圖像本身也肩負有強烈的教化意涵。[75]由於
畫中女性的裝束，各箇出落得嫻淑高雅，與真實生活中的
勞動婦女，形成明顯落差。可見此類作品，示範性質其實
遠遠凌駕於反映現實。若再對照圖像右方，女孝經文中所
講述的：「為婦之道，分義之利，先人後己，以事舅姑，
紡績裳衣，社賦蒸獻，此庶人之孝也。詩云，婦無公事，

---

[72] 《遼宋西夏金社會生活史》，頁 119。
[73] 王居正，山西河東人，王拙之子，畫法遠承周昉（約 730-800 間），
　　有閒冶之態。小傳參郭若虛，《圖畫見聞誌》卷 3；及夏文彥，《圖
　　繪寶鑑》卷 3。
[74] 圖載劉墫、金濤編，《中國人物畫全集》（北京：京華出版社，2001），
　　頁 124。
[75] 詳見本章第二節〈婦德典範〉。

休其蠶織。」即不難體會，在當時人的觀念裡，女性從事
績紡，不僅只於日常庶務，這類勞動其實已經與侍奉翁姑
的工作等量齊觀，同屬於恪盡子媳孝道的重要義務。

　　宋代，由鄭綺[76]後人所輯的《鄭氏家範》也強調：「諸
婦工作，當聚一處。機杼紡績，各盡所長，非但別其勤惰，
且革其私。」[77]這則文字，倘若與〈庶人章〉中勤奮從事
女紅工作的四名婦人相對照，格外能廓清當時居家女性被
期許的模範典型。

　　與女性期望手藝靈巧的相關作品，南宋趙伯駒[78]
（1120-1182）的〈漢宮圖〉（圖21）也是一例。[79]此畫描寫
宮娥綵女們於農曆七夕時節，列隊登上穿針樓，舉行乞巧
的儀式。畫題雖名爲「漢宮」，作者卻不見得是想再現漢
代宮廷的景象，因爲畫中建築，盡屬宋代典型的樣式，可
見這列乞巧的隊伍，應是在描繪南宋宮廷裡的嬪妃與宮
女。

　　孟元老（12世紀前半）《東京夢華錄》卷八，對於乞
巧之事，曾有如下記載：「七月七夕，……貴家多結綵樓
於庭，謂之乞巧樓。鋪陳磨喝樂、花瓜、酒炙、筆硯、針

---

[76] 鄭綺小傳見《宋史》第456卷，頁30。

[77] 參陳東原，《中國婦女生活史》，頁140。

[78] 趙伯駒，字千里，爲宋太祖七世孫，趙令穰（活動於1067-1100）
之子。兼善山水、花禽、竹石，尤長於人物，傳世作品多爲小幅，
樓閣界畫亦極精妙。著錄見鄧椿，《畫繼》卷2，夏文彥，《圖繪
寶鑑》卷4。

[79] 嚴明、樊琪，《中國女性文學的傳統》，頁82。

線，或兒童裁詩，女郎呈巧，焚香列拜，謂之乞巧。」[80]
〈漢宮圖〉中，雖然沒有直接圖寫女紅的內容，但是透過
莊嚴的乞巧習俗，業已充分突顯出織繡在女性生活裡所扮
演的重要角色。以台北故宮藏品為例，即頗多傑出的宋代
女紅作品，如緙絲、刺繡之屬[81]，儘管無法確知創作者的
姓名，但大多數出自女性藝匠之手，則是可以肯定的。從
〈漢宮圖〉裡虔心乞巧的宮嬪，連結至綺麗精巧的織繡實
作，宋代婦女顯然在女紅的領域裡，締造了璀璨的藝術成
就！

---

[80] 孟元老，《東京夢華錄》（北京：中國商業出版社，1982），頁 54。
[81] 故宮收藏標為宋代的無款緙絲作品，共計有二十一件；織繡作品，
　　亦有七件。

## 二、婦德典範

　　宋代以前，教導女性禮儀規範的經典著作，厥為代表者，早期有西漢劉向（西元前 77-前 6）的《列女傳》、戴聖的《禮記》〈內則〉，東漢班昭（約西元 44-120）的《女誡》、和唐代鄭氏的《女孝經》、宋若華（？-820）的《女論語》等。宋代以後，復陸續有司馬光《家範》、李氏《戒女書》、《弟子職女誡鄉約家儀鄉儀》等書問世[82]。可惜並未見據之繪成圖像，以廣為流佈者。如今，僅見的宋代女教繪本，則是依據鄭氏《女孝經》而繪的〈女孝經圖〉。

　　《女孝經》的作者鄭氏，是唐代侯莫陳邈之妻。[83]《女孝經》全書，參照了《孝經》的形制，並且透過東漢曹大家(班昭)與諸女問答的方式，來闡述孝道意涵，以及女性應當恪守的各種禮儀。

　　《女孝經》原本有十八章，包括一、開宗明義，二、后妃，三、夫人，四、邦君，五、庶人，六、事舅姑，七、三才，八、孝治，九、賢明，十、紀德行，十一、五刑，十二、廣要道，十三、廣守信，十四、廣揚名，十五、諫諍，十六、胎教，十七、母儀，十八、舉惡。[84]北京故宮

---

82　參嚴廣芬，〈古代女子的重要讀物〉，《中國女子與女子教育》（保定：河北大學出版社，1996），頁 90。及沈時蓉等編，《華夏女子庭訓》（台北：萬卷樓圖書股份有限公司，2003）。

83　侯莫陳三字為複姓。

84　鄭氏《女孝經》，收在《說郛》（景印文淵閣四庫全書，第 880 冊，

與台北故宮各收藏有〈女孝經圖〉一卷，兩圖的風格雖然
互不相同，但都只描繪前面的九章。畫幅構圖，亦皆採取
文、圖交替穿插的方式，一章經文接著一段圖像。

台北故宮的〈女孝經圖〉，舊題作〈宋高宗書女孝經
馬和之補圖〉，然而畫風與馬和之（12 世紀）存世作品，
如〈唐風圖〉、〈陳風圖〉、〈豳風圖〉等作[85]相比，並不似，
反倒近乎馬遠（活動於 1190-1224）、馬麟（活動於 13 世
紀）一派的家數[86]，書風則接近於宋理宗（1225-1264 在
位），故爾推斷，此作應出自十三世紀的院畫家之手。

畫卷第六段〈事舅姑章〉（圖22），描繪一名穿戴整齊
的媳婦，手捧食盒，態度恭謹地跪在廳堂前面，盡心地侍
奉二位翁姑進用餐點。雖然二老的身旁，站立了一名女
侍，但孝順的媳婦，還是諸事親力親為，不願假手僕人。
若再對照右方的經文，更可以明確掌握，畫者是意欲具象
地突顯出「雞初鳴，咸盥漱衣服以朝焉。」的文義。

畫卷第七段〈三才章〉（圖23），則是闡述為人妻者，
應以最敬順的態度，來對待夫君。一如經文所揭示：「**女
子出嫁曰歸，移天事夫，其義遠矣。**」有宋一代，與此說
相近的論述，可舉司馬光《訓子孫》文中的記載，來相呼

---

頁 34-43），卷 70 下。

[85] 參徐邦達，〈傳宋高宗趙構孝宗趙慎書馬和之畫《毛詩》卷考辨〉，
《故宮博物院院刊》1985 年第 3 期（1985 年 8 月），頁 71。

[86] 馬遠曾作〈女孝經圖〉，著錄見厲鶚，《南宋畫院錄》（景印文淵
閣四庫全書，第 829 冊，頁 626），卷 7。

應:「夫,天也。妻,地也。……天尊而處上,地卑而處下。」[87]司馬氏既然將夫妻間的從屬關係,比之於自然現象,藉以說明其天經地義,不容違抗。可見在當時,繪製〈女孝經圖〉這類圖像,除卻倡導女性禮儀規範的教化目的,絕對也蘊藏了強化「男尊女卑」價值觀的意圖。

　　台北故宮收藏的宋人〈卻坐圖〉(圖24),成作年代約值十三世紀中葉,亦即宋理宗當政之期(1225-1264)。此畫的內容,描述西漢文帝(西元前 179-前 157 在位)偕皇后、慎夫人同遊上林苑,帝本欲賜坐慎夫人,卻為袁盎所制止。所持的理由是,尊卑有序,皇后在場,慎夫人的身分為一侍妾,依禮不宜與后同座。文帝聽此諫言,不僅未以為忤,更令慎夫人重賞袁盎,嘉許他的勇於直諫。[88]

　　有學者指出,像〈卻坐圖〉這類型的歷史故事畫,從表面看,似乎是在表彰忠臣的敢諫,其實真正核心的意涵,則是為了歌頌當政者樂於納諫的恢弘氣度。[89]與〈女孝經圖〉很相近的是,二者的創作動機,都背負有濃厚的政治宣導目的。若欲從〈卻坐圖〉中解讀其間的女性觀點,自然也和〈女孝經圖〉一樣,兩畫都試圖反映出宋代對於

---

[87] 司馬光,《家範》卷8,頁1。參任寅虎,《中國古代婚姻》(台北:台灣商務印書館,1998),頁 130-131。

[88] 袁盎,漢時楚人,漢文帝時為中郎,以直諫名重朝廷。史料見司馬遷,《史記》(景印文淵閣四庫全書,第 244 冊,頁 663),卷 101,〈袁盎傳〉。

[89] 參石守謙,〈南宋的兩種規鑑畫〉,《風格與世變─中國繪畫史論集》(台北:允晨文化實業股份有限公司,1996),頁 122-129。

婦女禮儀的期許與要求。

　　宋代鄭綺的《鄭氏家範》曾作如是說：「諸婦必須安祥恭敬，奉舅姑以孝，事丈夫以禮，待姊姒以和。」[90]此語，倘若引以為前舉畫例的總結，無疑是極稱契合的。事實上，北宋以後，婦女的行止禮儀，經過文本與圖像的交互規範，確實已朝向更為教條化的理路快速發展！

---

[90] 陳東原，《中國婦女生活史》，頁140。

# 肆、閨怨與女子再婚

## 一、閨婦怨

宋代中、後期，由於遼、金、夏諸強敵壓境，連年征伐不絕。因遭徵調戍守，而演成夫妻分別、家庭離散的悲劇者，所在多有。借助詩人敏銳的字句，固然可以傳達女性感傷的唔歎，而透過畫家的丹青之筆，同樣能夠如實捕捉閨中怨婦的鬱悒形象。

宋畫中，描寫夫妻兩地相思，最含蓄、也最成功的作品，莫過於牟益（1178-1242 後）[91]的〈擣衣圖〉卷（圖25）。此作，是以南朝詩人謝惠連(397-433)的〈擣衣詩〉為創作原型，藉著諸女搗練、裁剪、製衣、裝箱、封寄的種種過程，來形塑她們內心對於丈夫從軍未歸的思念之情。

全卷，純假白描清墨，將擣衣詩的愁緒，扎捏得分毫不爽。幅中美女，各箇柳眉輕蹙，妙目含悲，筆愈簡而意愈繁，讓賞畫者不自覺地融入其間，一同為那濃烈的惆悵情結而縈迴不已。

〈擣衣圖〉除了本幅上有由董良史（13 世紀）所書寫的擣衣詩，和清高宗（1735-1796 在位）的三則御題外，

---

[91] 牟益，字德新，籍貫四川，於南宋理宗、度宗（1224-1274）時任職宮廷，善畫人物、工篆書。著錄見《圖繪寶鑑》卷4，《畫史叢書》，頁792。

幅後拖尾，另有牟益、曾鼎（14世紀）、黃渠（17世紀）、高士奇（1645-1704）、沈德潛（1673-1769）等多則題跋。

其中，黃渠的跋語寫的是：「佳人何事搗寒衣，和淚裁縫欲寄誰？惆悵愁隨霜葉墜，丁東聲襍草蛩悲。九秋風露難成夢，萬里關山有所思，一段閑情誰解得，悽涼都付畫兼詩。」字裡行間，非常真切地鋪陳出怨婦、畫家與詩人，這三種角色的複雜心緒。

北宋末，徽宗（1082-1135，1100-1125 在位）〈摹張萱搗練圖〉卷中（圖 26），同樣有婦人搗練、熨燙、縫衣等情節的描繪。通幅設色柔麗，人物的裝束，豔而不俗，確屬難得之摹古傑作。但此件作品所關注的重點，僅聚焦於女紅形象的重塑，並未試圖表現任何文學作品的內質。[92]反觀牟益〈擣衣圖〉，雖完全不施彩繪，卻因為涵融有詩的意境，以致能呈顯出截然不同的視覺美感。

在同時期，透過文字形式，來記錄類似情愫者，同樣不乏其人。試舉南宋王炎（生年不詳）的作品為例，他在〈梅花引〉中，曾如此描述：「裁征衣，寄征衣，萬里征人音信稀。朝相思，暮相思，滴盡真珠，如今無泪垂。」[93]另外，張維（11世紀）的〈聞砧〉，亦寫道：「不知今夜

92 河北井徑柿庄宋墓壁畫，亦繪有搗練的情節，惟只是庶民生活的忠實切片，並未與文學相結合。圖參中國歷史博物館編，《中國歷代女性像展》（東京：汎亞細亞文化交流中心，1986），頁 66。

93 張毅選注，《歷朝閨怨情愛詩》（北京：華夏出版社，1999），頁 285。

搗衣曲，欲寫秋閨多少情。」[94]

上述這兩則文字，都是男性模擬女性的心緒，所鋪陳出來的女性情思。[95]至於女性自我抒發愁怨的作品，則有魏夫人（約 1037-1096）〈菩薩蠻〉裡談的：「長天音信斷，又見南雁歸。何處是離愁？長安明月樓。」[96]以及〈武陵春〉的：「玉人近日書信少，應是怨來遲。夢裡長安早晚歸，和淚立斜暉。」[97]

宋代最著名的女詞人李清照（1084-1151），當她晚年孤淒伶仃之際，也透過詞意，來抒發內心的悲涼。底下所摘錄的三段，便極稱精絕：「守著窗兒，獨自怎生得黑？梧桐更兼細雨，到黃昏，點點滴滴。這次第，怎一個愁字了得！」[98]「莫道不消魂，簾捲西風，人比黃花瘦。」[99]「一種相思，兩處閒愁。此情無計可消除，才下眉頭，卻上心頭。」[100]

宋代閨中怨婦的無奈與情癡，透過上述溢滿情感的圖

---

[94] 周密，《齊東野語》（景印文淵閣四庫全書，第 865 冊，頁 794），卷 15。

[95] 曾棗莊，〈論宋代的言情詩〉，《宋代文化研究》（成都：四川大學出版社，1996）第 6 輯，頁 2。

[96] 《中國才女》，頁 111。

[97] 〈武陵春〉，《中國女性的文學生活》，頁 203。

[98] 李清照，〈聲聲慢〉《漱玉詞》（台北：新文豐出版公司，1985，叢書集成新編，第 80 冊，頁 577）。及，謝无量，《中國婦女文學史》（台北：台灣中華書局，1979），頁 251。

[99] 李清照，〈醉花陰〉，《漱玉詞》（叢書集成新編，第 80 冊，頁 578）。

[100] 李清照，〈一翦梅〉，《漱玉詞》（叢書集成新編，第 80 冊，頁 578）。

像和文字，縱然已事隔千載，猶不免惹人鼻酸，意欲爲她
們一掬同情之淚！

## 二、守節或再婚

宋人對於婦女貞操的觀念，見解並不一致，初期多持較開放的態度，愈至後期，才愈趨嚴謹。北宋時期，女性再嫁並無涉於恥辱[101]，甚至律法還明文規定，丈夫外出三年不歸，六年不通問，便准許妻子改嫁或離婚。[102]無論是皇室或者士族，俱不乏離婚及寡婦再嫁的實例。

總計北宋改嫁的婦女，見錄於史籍者，即達六十三起之多。[103]較著名的例子，譬如：宋太祖趙匡胤（927-976）的妹妹秦國大長公主（？-973），夫死孀居，後來皇兄代為撮合，讓她再嫁給忠武軍節度使高懷德。[104]

宋代名儒范仲淹（989-1052），兩歲時父親即早逝，母謝氏改嫁了朱氏，仲淹也一度易姓為朱。直到長大顯貴

---

[101] 清代錢泳（19世紀）《履園叢話》（台北：廣文書局，1969，頁678）卷23謂：「宋以前不以改嫁為非，宋以後則以改嫁為恥。」事實上，北宋與南宋對於婦女再嫁的看法，即不盡相同。參高世瑜，《中國古代婦女生活》（台北：台灣商務印書館，1998），頁116。及劉詠聰，《德才色權－論中國古代女性》（台北：麥田出版股份有限公司，1998），頁236-237。

[102] 《中國古代婦女禁忌禮俗》，頁101。

[103] 陶晉生，《北宋士族家族‧婚姻‧生活》（台北：中央研究院歷史語言研究所，2001），頁172。

[104] 參《宋史》（景印文淵閣四庫全書，第285冊，頁62）卷248，〈公主〉。及蘇冰、魏林，《中國婚姻史》（台北：文津出版社，1994），頁265。及汪玢玲，《中國婚姻史》（上海：上海人民出版社，2001），頁247。

後，才改回原本的范姓。無獨有偶，范仲淹之子亦早逝，
碰巧門生王陶喪妻，仲淹乃做主，命兒媳再嫁給王陶。[105]
他還在《范氏義庄規矩》、《范氏正義》等書中，明定「再
嫁者，支錢二十貫」、「再嫁者三十千」等補助辦法，可謂
以最具體的行動，來展現其恤寡濟嫠的開明態度。[106]

又如王安石的次子王雱，因罹患心疾，日日與妻相鬥
鬨，安石憐惜媳婦無罪，遂代為做主，另擇佳婿而命其改
嫁。[107]甚至連理學大師程顥[108]（1032-1085）的兒媳，程
頤（1033-1107）的甥女，同樣是以改嫁收場。[109]司馬光
《訓子孫文》就曾經談到：「夫妻以義合，義絕則離。」[110]
此語，不僅表達出部分離婚、再嫁者的心聲，更證明了北
宋時期，女性並未被完全禁錮於不幸的婚姻。

當然，婦女改嫁之後的命運，並不一定必然幸福。最

---

[105] 參《宋史》（景印文淵閣四庫全書，第286冊，頁160）卷314，
〈范仲淹〉。及畢誠，《中國古代家庭教育》（台北：台灣商務印
書館，1994），頁95。

[106] 參董家遵，〈從漢到宋寡婦再嫁習俗考〉，《中國古代婚姻史研究》
（番禺：廣東人民出版社，1995），頁272。

[107] 原載連闢之，《澠水燕談錄》。參龐德新，《從話本及擬話本所見
之宋代兩京市民生活》（香港：龍門書店，1974），頁130。

[108] 程顥，字伯淳，後人稱明道先生。程顥與弟程頤，合稱二程。
早年同受業於周敦頤（1017-1073），受過佛教思想影響，是北宋
理學的奠基者。

[109] 朱熹，《近思錄》，〈齊家之道〉。參姚瀛艇等編，《宋代文化史》
（台北：昭明出版社，1999），頁677。

[110] 參陳東原，《中國婦女生活史》，頁134。

典型的悲劇，莫若「釵頭鳳」的故實了。陸游與表妹唐琬結褵後，原本琴瑟甚合，只因多年膝下無子，陸母深以為意，居然迫使唐琬改嫁給趙士誠。數年後，陸游於旅途中再遇唐琬和其後夫。萬般無奈下，陸游譜寫了〈釵頭鳳〉（1155）來相贈，唐琬亦回了前夫一闋和詞。兩作都同等地情詞哀婉，許為一代傑作，然而飽經折磨的唐琬，卻在此番邂逅未久，即抑鬱以終了！[111]

　　宋畫當中，直接描寫婚俗的作品，並不多見。倒是以東漢才女蔡琰（162-229）陷胡故事為背景的〈文姬歸漢圖〉，曾經在南宋初年，數度被引為畫題。由於蔡琰的一生，總共經歷過三次婚姻，緣此，本節即試圖透過此作，來對照宋人對於女性守節，或者再嫁所抱持的觀點。

　　現存於故宮的宋代〈文姬歸漢圖〉，計有（傳）李唐（約 1049-1130 後）〈文姬歸漢冊〉，及（傳）陳居中[112]（13世紀前半）〈文姬歸漢軸〉（圖 27）兩件。此二作，雖然確實的作者仍有待商榷，但時代均可歸入南宋前期。

　　文姬，原名蔡琰，祖籍陳留。她的父親，正是東漢末年的名儒蔡邕（132-192）。文姬幼承家學，博覽群籍而有才辯，又深通音律。年十六，嫁與河東衛仲道，未及二載，

---

111　見周密，《齊東野語》（景印文淵閣四庫全書，第 865 冊，頁 648），卷 1。另參任寅虎，《中國古代婚姻》（台北：台灣商務印書館，1998），頁 184-185。

112　陳居中，南宋寧宗（1195-1224）時代的畫院待詔。著錄見《圖繪寶鑑》卷 4，收在《畫史叢書》，頁 777。

夫死，歸居陳留娘家。獻帝初平二年（191），董卓為禍，天下大亂。文姬遭入侵的羌胡所擄，且被一路挾持向北。[113] 興平年間（194－195），南匈奴左賢王去卑脅迫與她成親，從此羈留胡地達一十二年，且育下二子。直至曹操（155-220）當政，念及與蔡邕舊日的情誼，才遣使攜帶金帛，前往胡中，將文姬贖歸故鄉。爾後，又替她做媒，重嫁給同郡的小官董祀。

此一題材，在南宋初年之所以蔚為流行，自有其特殊的歷史淵源。因為北宋王朝在靖康之難後，徽宗（1082-1135）、欽宗（1125-1126 在位）兩位皇帝和一千后妃們，俱遭金人挾持。情況和文姬當年被擄的際遇，稍許類似。加以文姬後來得以返回故里，描繪她的歸漢故事，正好符合了南宋臣民祈盼皇帝歸來的心情。[114]

不過，文姬的才具固然不同於等閑，但畢竟是曾經擁有過三次婚姻的女子，以這樣的角色，來隱射被俘虜的皇帝皇后，似乎難逃貶低皇族之嫌。關乎此，比較合理的解釋是：當時的價值觀，確實容許類似的情況發生，否則，

---

[113] 蔡琰生平，初載於南朝宋范曄的《後漢書‧列女傳》。其間指稱，文姬於興平年間始被羌胡擄獲。其時，蔡邕業已亡故，與文姬「悲憤詩」中所述，她自南匈奴返回故鄉時，才知道家人俱已亡故的記載不符。故此處參酌考訂意見，將文姬被虜時間往前移至初平。參見張修蓉，《漢唐貴族與才女詩歌研究》（臺北：文史哲出版社，1985），頁 32－42。

[114] 劉芳如，〈解讀文姬歸漢冊（上）〉，《故宮文物月刊》第 147 期（1995 年 6 月），頁 10。

畫家又豈敢以一位屢屢再婚的女性，來和身分尊貴的帝王
及后妃作譬喻呢？

　　至於女性守節的觀念，則是從南宋中期之後，才明顯
地獲得提倡與獎勵。值此前後，相關見解，可見諸歐陽修
〈瀧岡阡表〉所云之：「脩不幸四歲而孤，太夫人守節自
誓。」[115]歐陽修的母親鄭氏雖然家貧，但並未再適。她極
重視子女的教育，曾以荻草桿代筆，在地上寫字，教導歐
陽修識字，被世人傳頌為「畫荻畫荻」的美談。[116]類似的
事例，尚有南宋名將岳飛（1103-1142）的寡母，曾經親
製沙盤，讓幼子在上面學書。後來岳飛投效軍旅，岳母更
在他的背上黥刺「精忠報國」四字，以資惕勵。此一故實，
數百年來，早已蔚成國人教忠教孝的典型楷模。

　　拿鄭氏與岳母的甘於守寡，和教子有方，來對照宋代
婦女改嫁的諸多實例，固然仍屬於比較少數的個案，但是
當宋代理學興盛之際，這些孀婦守節的範例，卻往往會被
推舉為道德修養的崇高標竿。

　　理學大師程頤在《近思錄》中的一段答問，堪稱是宋
人獎勵貞潔之風的代表作：「若取失節者以配身，是已失
節也。又問，或有孤孀貧窮無託者，可再嫁否？曰，只是
後世怕寒餓死，故有是說。然餓死事極小，失節事極大。」

---

[115] 彭正雄，《歷代賢母事略》（台北：文史哲出版社，1991），頁 190。
[116] 參畢誠，《中國古代家庭教育》（台北：台灣商務印書館，1994），
　　　頁 99。

[117]另外，由朱子所輯的《二程遺書》，則進一步闡述不宜再娶，或再嫁的原因：「大夫以上，無再娶理。凡人為夫婦時，豈有一人先死，一人再娶，一人再嫁之約？只約終身夫婦也。但自大夫以下，有不得已再娶者。蓋緣奉公姑，或主內事爾。如大夫以上，至諸侯天子，自有嬪妃可以供祀禮，所以不許再娶也。」[118]

　　程、朱等理學家的反對孀婦再嫁，[119]雖然把女性的貞操提昇至道德的境界，但無形中也讓爾後的婦女，逐步受制於不幸婚姻的泥淖，而難以自拔。誠如莊綽《雞肋編》所形容的：「嫁得雞，逐雞飛；嫁得狗，逐狗走。」[120]正是因為這種「不二適」觀念的桎梏，女才人朱淑真儘管遇人不淑，仍然必須要強自隱忍，唯有藉助充滿了低吟哀唱的詞語，來稍稍消解她胸中的塊壘。[121]

　　若檢視《古今圖書集成》（1725）中《閨列傳》和《閨節列傳》所收錄的女性，宋代的節婦、烈女，合計為二百

---

[117] 朱子、呂祖謙輯，《近思錄》（景印文淵閣四庫全書，第 699 冊，頁 437），卷 6。

[118] 朱子，《二程遺書》（景印文淵閣四庫全書，第 698 冊，頁 243），卷 22 下。

[119] 《中國婦女生活史》，頁 138。

[120] 此語實脫胎自杜甫的〈新婚別〉：「婦女有所歸，雞狗亦相得」。見莊綽，《雞肋編》（景印文淵閣四庫全書，第 1039 冊，頁 201），卷下。

[121] 朱淑真的丈夫，姓氏已失考，僅知他是一位市井細民，與出身官宦之家的妻子，性格並不相投，屬於情調完全迥異的兩個人。參《中國女性的文學生活》，頁 216。

七十四人，比起之前的隋、唐、五代，確實成長了數倍，但是和元、明、清動輒上千、上萬的數字相較，差距仍然極為懸殊。[122]

　　反觀一生轉嫁三次的蔡文姬，縱使才學為時人所推重，她在五言《悲憤詩》中，猶不免透露出內心所承受的心理壓力：「托命於新人，竭心自勖厲。流離成鄙賤，常恐復捐棄。」儘管她所擔心的「因鄙賤而被捐棄」一事，實際上並沒有發生，但是在明代以後，呂坤（1536-1618）《閨範》還是針對她的再嫁，提出了最嚴厲的責難：「大節有虧，眾長難掩。」[123]

　　宋代人看待蔡文姬，顯然沒有像明代那般嚴苛，否則也不會有系列〈文姬歸漢圖〉的創製。只是，誠如前述，此圖畢竟有其特殊的歷史背景，一旦提倡貞潔的聲浪逐漸抬頭，文姬故實也就隨之失卻展演舞台，復歸於沉寂了！

---

[122] 董家遵，〈歷代節婦烈女的統計〉，《中國古代婚姻史研究》（番禺：廣東人民出版社，1995），頁 246。

[123] 呂坤，《閨範》，明萬曆間泊如齋刊本，卷 3，頁 4。

# 伍、結　語

　　綜觀有宋一代，女性議題最惹人注目的發展，莫過於由班昭《女誡》、鄭氏《女孝經》這些早期著錄所樹立的各項規範，經過宋儒的提倡與推廣，正逐漸落實爲評量女德的標尺。

　　由於繪本的流傳有限，本書或許無法囊括宋代女性的所有面向，但是，形象真實的宋代圖像，仍舊具備其強大的說服力。透過這些形象的演繹，舉凡貴族、士大夫文化與庶民文化之間的分野，相率清楚現形。而不同時期宋畫中女性形象的微妙歧異，恰好映現了價值觀變遷的階段性特質。當然，在這段歷史演化的過程當中，無論「繪本」與「文本」，均扮演著詮釋與代言的關鍵角色，兩者之間的穿插參照和印證，無疑更裨益於宋代女性議題的釐清！

# 圖　版

圖 1　宋人（舊傳王詵）繡櫳曉鏡　冊　國立故宮博物院藏

圖2　宋人（舊傳錢選）招涼仕女　冊　國立故宮博物院藏

招涼仕女　局部

圖 3　河南偃師九流溝宋墓出土畫像磚

圖 4　宋人（舊傳五代人）
浣月圖　軸
國立故宮博物院藏

浣月圖　局部

圖 5 宋 張擇端 清明上河圖 卷 局部 北京故宮博物院藏

圖5-1 宋 張擇端 清明上河圖 卷 局部 北京故宮博物院藏

圖6 宋 張擇端 清明上河圖 卷 局部 北京故宮博物院藏

圖 7 宋人（舊傳李唐）
　文姬歸漢　冊　北行
　國立故宮博物院藏

第二拍
胡主將余向絕塞
厭生求死元不得
戎幻驅馳壹是人
材狼猙獰陌離息
行盡天山已甫暮
威大蔓簾近胡國
萬里重陰馬不飛
寒汾鰲無南北

北行　局部

圖 8　宋人　女孝經圖　卷　夫人章　北京故宮博物院藏

圖 9　宋人（舊傳馬和之）女孝經圖　卷　開宗明義章　國立故宮博物院藏

圖 10 宋人（舊傳李唐）
　　文姬歸漢　冊　家書
　　國立故宮博物院藏

第九柏

當日蘇武單于問
道是賓鴻解傳信
學他刺血寫得書
書上千重萬重恨
彎弓射飛無遠近
騎胡少年餒走馬
遂令邊鴈轉相人
絕域何由達方寸

家書　局部

圖 11　宋人　馬遠　華燈侍宴　軸　局部　國立故宮博物院藏

圖 12　宋人　宋仁宗后坐像　軸　局部　國立故宮博物院藏

圖 13
宋人　英宗皇帝后半身像
冊　國立故宮博物院藏

圖 14
宋人　英宗皇帝后半身像
冊　國立故宮博物院藏

圖 15
宋　馬遠　倚雲仙杏
冊　國立故宮博物院藏

圖 16　宋人
寧宗皇帝后半身　冊
國立故宮博物院藏

圖 17　宋　李嵩　市擔嬰戲　冊　國立故宮博物院藏

圖18 宋 李嵩 貨郎圖 卷 局部 北京故宮博物院藏

圖19 宋 王居正 紡紗圖 卷 北京故宮博物院藏

圖 20 宋人（舊傳馬和之） 女孝經圖 卷 庶人章 國立故宮博物院藏

庶人章 局部

圖 21　宋　趙伯駒　漢宮圖　軸　國立故宮博物院藏

圖 22　宋人（舊傳馬和之）　女孝經圖　卷　事舅姑章　國立故宮博物院藏

事舅姑章　局部

圖23　宋人（舊傳馬和之）　女孝經圖　卷　三才章　國立故宮博物院藏

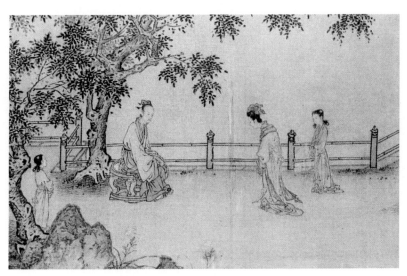

三才章　局部

圖 24 宋人 卻坐圖 軸 局部 國立故宮博物院藏

圖 25　宋　牟益　搗衣圖　卷　局部 1　國立故宮博物院藏

搗衣圖　卷　局部 2

搗衣圖　卷　局部 3　搗練

擣衣圖　卷　局部 4　製衣

擣衣圖　卷　局部 5　裝箱　封寄

圖 26 宋徽宗 摹張萱搗練圖 卷 局部 美國波士頓美術館藏

圖 27 宋 陳居中 文姬歸漢 軸 局部 國立故宮博物院藏

# 圖版說明

圖 1　宋人（舊傳王詵）　繡櫳曉鏡　冊　國立故宮博物院藏

圖 2　宋人（舊傳錢選）　招涼仕女　冊　局部　國立故宮博物院藏

圖 3　河南偃師九流溝宋墓出土畫像磚

圖 4　宋人（舊傳五代人）　浣月圖　軸　局部　國立故宮博物院藏

圖 5　宋　張擇端　清明上河圖　卷　局部　北京故宮博物院藏

圖 6　宋　張擇端　清明上河圖　卷　局部　北京故宮博物院藏

圖 7　宋人（舊傳李唐）　文姬歸漢　冊　北行　國立故宮博物院藏

圖 8　宋人　女孝經圖　卷　夫人章　北京故宮博物院藏

圖 9　宋人（舊傳馬和之）　女孝經圖　卷　開宗明義章　國立故宮博物院藏

圖 10　宋人（舊傳李唐）　文姬歸漢　冊　家書　國立故宮博物院藏

圖 11　宋　馬遠　華燈侍宴　軸　局部　國立故宮博物院藏

圖 12　宋人　宋仁宗后坐像　軸　國立故宮博物院藏

圖 13　宋人　英宗皇帝后半身像　冊　國立故宮博物院藏

圖 14　宋人　高宗皇帝后半身像　冊　國立故宮博物院藏

# 參考文獻

## 典籍史料

司馬遷，《史記》，《景印文淵閣四庫全書》（台北：台灣商務印書館，1986），第 244 冊。

范曄，《後漢書》（台北：鼎文書局，1987）。

張載，《張子全書》，《景印文淵閣四庫全書》，第 697 冊。

朱子，《二程遺書》，《景印文淵閣四庫全書》，第 698 冊。

孟元老，《東京夢華錄》（北京：中國商業出版社，1982）。

郭若虛，《圖畫見聞誌》，《畫史叢書》（台北：文史哲出版社，1983）。

司馬光，《家範》，《景印文淵閣四庫全書》，第 696 冊。

司馬光，《後宮等級劄子》，《溫國文正司馬公集》，《四部叢刊》初編（商務印書館）。

司馬光，《傳家集》，《景印文淵閣四庫全書》，第 1094 冊。

曾慥，《類說》，《景印文淵閣四庫全書》，第 873 冊。

衛湜，《禮記集說》，《景印文淵閣四庫全書》，第 117 冊。

孫光憲，《北夢瑣言》，《景印文淵閣四庫全書》，第 1036 冊。

秦觀，《淮海詞》，《景印文淵閣四庫全書》，第 1487 冊。

李清照《漱玉詞》，《叢書集成新編》（台北：新文豐出版公司，1985），第 80 冊。

何谿汶，《竹莊詩話》，《景印文淵閣四庫全書》，第 1481 冊。

李心傳，《建炎以來朝野雜記》，《景印文淵閣四庫全書》，第 608 冊。

陶宗儀，《說郛》，《景印文淵閣四庫全書》，第 877 冊。

周密，《齊東野語》，《景印文淵閣四庫全書》，第 865 冊。

周密，《武林舊事》，《景印文淵閣四庫全書》，第 590 冊。

真德秀，《西山讀書記》，《景印文淵閣四庫全書》，第 705 冊。

脫脫，《宋史》，《景印文淵閣四庫全書》，第 286 冊。

陳均，《九朝編年備要》，《景印文淵閣四庫全書》，第 328 冊。

鄭樵，《通志》，《景印文淵閣四庫全書》，第 373 冊。

朱子、呂祖謙輯，《近思錄》，《景印文淵閣四庫全書》，第 699 冊。

夏文彥，《圖繪寶鑑》，《畫史叢書》（台北：文史哲出版社，1983）。

清聖祖御定，李光地等編，《朱子全書》，《景印文淵閣四庫全書》。

錢泳，《履園叢話》（台北：廣文書局，1969）。

莊綽，《雞肋編》，《景印文淵閣四庫全書》，第 1039 冊。

吳自牧，《夢粱錄》，《景印文淵閣四庫全書》，第 590 冊。

胡廣等，《性理大全書》，《景印文淵閣四庫全書》，第 710 冊。

呂坤，《閨範》，明萬曆間泊如齋刊本。

厲鶚，《南宋畫院錄》，《景印文淵閣四庫全書》，第 829

冊。

厲鶚,《宋詩紀事》,《景印文淵閣四庫全書》,第 1484-1485
　　冊。

陳夢雷編,《古今圖書集成》(台北:鼎文書局,1976),
　　明倫彙編,閨媛典,閨媛總部,藝文十七。

中國書畫全書編纂委員會,《中國書畫全書》(上海:上海
　　書畫出版社,1993)

## 現代學術專著

丁傳靖輯,《宋人軼事彙編》(台北:商務印書館,1966)

龐德新,《從話本及擬話本所見之宋代兩京市民生活》(香
　　港:龍門書店,1974)

翁同文,《藝林叢考》(台北:聯經出版事業公司,1977)

江兆申,《雙谿讀畫隨筆》(台北:國立故宮博物院,1977)

高木森,《五代北宋的繪畫》(台北:文史哲出版社,1982)

張修蓉,《漢唐貴族與才女詩歌研究》(台北:文史哲出版
　　社,1985)

彭正雄,《歷代賢母事略》(台北:文史哲出版社,1991)

周宗盛,《中國才女》(台北:水牛圖書出版事業有限公司,
　　1992)

嚴明,《中國名妓藝術史》(台北:文津出版社,1992)

車吉心編,《中國皇后全傳》(濟南:山東教育出版社,1993)

Patricia Buckley Ebrey, "The Inner Quarters: Marriage and

the Lives of Chinese Women in th Sung
Period"( California: University of California Press,
1993)

高木森,《宋畫思想探微》(台北:台北市立美術館,1994)

蘇冰、魏林,《中國婚姻史》(台北:文津出版社,1994)

韋溪、張莨合著,《中國古代婦女禁忌禮俗》(西安:陝西
人民出版社,1994)

陳東原,《中國婦女生活史》(台北:台灣商務印書館,1994)

畢誠,《中國古代家庭教育》(台北:台灣商務印書館,1994)

高洪興,《纏足史》(上海:上海文藝出版社,1995)

譚正璧,《中國女性的文學生活》(台北:華嚴出版社,1995)

董家遵,《中國古代婚姻史研究》(番禺:廣東人民出版社,
1995)

石守謙,〈南宋的兩種規鑑畫〉,《風格與世變－中國繪畫
史論集》(台北:允晨文化實業股份有限公司,1996)

嚴廣芬,〈古代女子的重要讀物〉,《中國女子與女子教育》
(保定:河北大學出版社,1996)

杜芳琴,〈中國宮廷婦女政治角色研究〉,《性別學與婦女
研究－華人社會的探索》(台北:稻鄉出版社,1997)

游惠遠,《宋代民婦的腳色與地位》(台北:新文豐出版公
司,1998)

高世瑜,《中國古代婦女生活》(台北:台灣商務印書館,
1998)

曾棗莊,〈論宋代的言情詩〉,《宋代文化研究》(成都:四

　　　　川大學出版社，1996）第 6 輯。

朱瑞熙等，《遼宋西夏金社會生活史》（北京：中國社會科
　　　　學出版社，1998）

任寅虎，《中國古代婚姻》（台北：台灣商務印書館，1998）

劉詠聰，《德才色權－論中國古代女性》（台北：麥田出版
　　　　股份有限公司，1998）

姚瀛艇等編，《宋代文化史》（台北：昭明出版社，1999）

張毅選注，《歷朝閨怨情愛詩》（北京：華夏出版社，1999）

嚴明、樊琪，《中國女性文學的傳統》（台北：洪葉文化事
　　　　業有限公司，1999）

陶晉生，《北宋士族家族‧婚姻‧生活》（台北：中央研究
　　　　院歷史語言研究所，2001）

汪玢玲，《中國婚姻史》（上海：上海人民出版社，2001）

沈從文，《中國古代服飾研究》（上海：上海書店出版社，
　　　　2002）

沈時蓉等編，《華夏女子庭訓》（台北：萬卷樓圖書股份有
　　　　限公司，2003）

衣若芬，《觀看‧敘述‧審美－唐宋題畫文學論集》（台北：
　　　　中央研究院中國文哲研究所，2004）

## 期刊論文

石志廉，〈北宋婦女畫像磚〉，《文物》1979 年第 3 期，頁 87。

徐邦達，〈傳宋高宗趙構孝宗趙慎書馬和之畫《毛詩》卷

考辨〉,《故宮博物院院刊》1985 年第 3 期（1985 年
　　8 月）,頁 69-78。

劉芳如,〈中國仕女畫之美〉,《故宮文物月刊》第 6 卷第
　　2 期（1988 年 5 月）,頁 20-35。

柳立言,〈淺談宋代婦女的守節與再嫁〉,《新史學》第 2
　　卷第 4 期（1991 年 12 月）,頁 37-76。

劉芳如,〈解讀文姬歸漢冊（上）〉,《故宮文物月刊》第
　　147 期（1995 年 6 月）,頁 4-27。

劉芳如,〈解讀文姬歸漢冊（下）〉,《故宮文物月刊》第
　　148 期（1995 年 7 月）,頁 24-39。

陶晉生,〈北宋婦女的再嫁與改嫁〉,《新史學》第 6 卷第
　　3 期（1995 年 12 月）,頁 1-27。

葛彬,〈論宋代女性文化意識〉,《南昌大學學報》第 28
　　卷第 3 期（1997 年 7 月）,頁 99-104。

劉靜貞,〈正位於內？－宋代女性的生活空間〉,《錢穆先
　　生紀念館館刊》第 6 期（1998 年 12 月）,頁 57-71。

## 圖錄及畫冊

（北京）故宮博物院,《歷代仕女畫選集》（天津：天津人
　　民美術出版社,1981）

福開森,《歷代著錄畫目》（台北：台灣中華書局,1983）

中國歷史博物館編,《中國歷代女性像展》（東京：汎亞細
　　亞文化交流中心,1986）

中野美代子，《中國歷代女性像展－從楊貴妃到西太后》
　　（東京：旭通信社，1987）

中國美術全集編輯委員會，《中國美術全集‧繪畫編》（台
　　北：錦繡出版社有限公司，1989）

國立故宮博物院編輯委員會，《故宮藏畫大系》（台北：國
　　立故宮博物院，1993）

國立故宮博物院編輯委員會，《宋代書畫冊頁名品特展》
　　（台北：國立故宮博物院，1995）

國立故宮博物院編輯委員會，《仕女畫之美》（台北：國立
　　故宮博物院，1996）

王耀庭等編，《故宮書畫菁華特輯》（台北：國立故宮博物
　　院，1996）

郭學是、張子康編，《中國歷代仕女畫集》（河北：天津人
　　民美術出版社，1998）

申仁編，《故宮舊藏珍寶欣賞》（上海：上海科學技術出版
　　社，2000）

劉墡、金濤編，《中國人物畫全集》（北京：京華出版社，
　　2001）

國立故宮博物院編輯委員會，《千禧年宋代文物大展》（台
　　北：國立故宮博物院，2000）

劉正、薛強編，《宋代小品畫畫集》（天津：天津人民美術
　　出版社，2001）

劉芳如、張華芝編，《群芳譜－女性的形象與才藝》（台北：
　　國立故宮博物院，2003）

**附　錄：**

# 宋代與女性相關的美術著錄

| 作者/著錄 | 內文 |
|---|---|
| 郭若虛（約1041-1100）《圖畫見聞志》（1085）卷一〈敍自古規鑒〉 | 蓋古人必以聖賢形象往昔事實含毫命素製爲圖畫者，要指在鑒賢愚，……。孝成帝游于後庭欲以班婕妤同輦載，婕妤辭曰，觀古圖畫聖賢之君皆有名臣在側，三代末主有嬖倖，今欲同輦得無近似之乎。 |
| 郭若虛《圖畫見聞志》卷一〈論婦人形象〉 | 歷觀古名士畫金童玉女及神仙星宮中有婦人形相者。貌雖端嚴，神必清古，自有威重儼然之色，使人見則肅恭有歸仰之心。今之畫者但貴其誇耀之容，是取悅于眾目不達畫之樂趣也。觀者察之。 |
| 郭若虛《圖畫見聞志》卷四〈慈氏像〉 | 景佑中，有畫僧曾于市中見舊功德一幅，看之乃是慈氏菩薩像。左邊一人執手壺，裹幞頭，衣中央服。右邊一婦人捧花盤，頂翠鳳寶冠，衣珠絡泥金廣袖。……闍一見且驚曰：執香爐者實章聖御像也。捧花者章憲明肅皇太后真容也。 |
| 宋徽宗內院奉敕撰《宣和書譜》(1120)卷五 | 女仙吳彩鸞，自言西山吳真君之女，……大和中進士文蕭客寓鍾陵，……而彩鸞在歌場中作調弄語以 |

| | |
|---|---|
| | 戲蕭，蕭心悅之，……蕭拙于爲生，彩鸞爲以小楷書唐韻一部市五千錢爲糊口計。然不出一日間罷了十數萬字，非人力可爲也。 |
| 《宣和書譜》卷十 | 婦人薛濤，成都娼婦也，以詩名當時。……作字無女子氣，筆力峻激，其行書妙處頗得王羲之法，少加以學，亦衛夫人之流也。每喜寫己所作詩，語亦工，思致俊逸，法書警句，因而得名。 |
| 《宣和畫譜》卷六 | 婦人童氏，江南人也，莫詳其世系，所學出王齊翰，畫工道釋人物。童以婦人而能丹青故當時縉紳家婦女往往求寫照焉。有文士題童氏畫詩曰，林下材華雖可尙，筆端人物更清妍，如何不出深閨裏，能以丹青寫外邊。 |
| 《宣和畫譜》卷十九 | 親王端獻魏王頵婦魏越國夫人王氏，自高祖父中書令秦正懿王審琦以勛勞從藝祖定下爲功臣之家。……其所以柔順閑靚不復事珠玉文繡之好而日以圖史自娛，至取古之賢婦烈女可以爲法者資以自繩。作篆隸的漢晉以來用筆意，爲小詩有林下泉間風氣，以淡墨寫竹，整整斜斜曲盡其態。見者疑 |

| | |
|---|---|
| | 其影落縑素之間也，非胸次不凡而以臻此。 |
| 高宗趙構《翰墨志》 | 衛夫人名鑠字茂漪，晉汝陰太守李矩妻也，善鍾法，能正書入妙。王逸少師之，杜甫謂學書初學衛夫人，但恨無過王右軍也。 |
| 岳珂（1183-1234）《寶真齋法書贊》卷十七〈敕祭沈貴妃文〉 | 維熙寧九年，……皇帝遣太常丞集賢校理同知太常禮院陳侗祭于故昭靜貴妃沈氏，祥符之初，慎選女德，維勛維賢，進輔宸掖，孰非良家，莫如相門，彼德之茂，有儀溫溫，內政是毗，婦道克化，……。 |
| 岳珂《寶真齋法書贊》卷十九〈米元璋蠶賦帖〉 | 里有織婦，著簪葛帔，顏色憔悴，喟然而讓于蠶曰，予工女也。……女子無貴賤皆盡心于蠶，是以四海之大，億民之眾，無游手而有餘帛。……且太姜嫄太姒，皆執子之勤，今欲以一己之勞而讓我，過矣，于是織婦不能詰而終身寒云。 |
| 孫紹遠（1150 生）《聲畫集》(1187)卷一〈題李伯時畫昭君圖·韓子蒼〉 | 漢書竟寧元年，呼韓邪來朝言願婿漢氏，元帝以後宮良家子王昭君字嬙配之……，昭君豐容靚飾，顧影裴回，竦動左右，帝驚欲復留而重失信。……西京雜記又言，元帝使畫通圖宮人， |

| | |
|---|---|
| | 宮人皆賂畫公而昭君獨不賂，乃惡圖之。……琴操又言本齊國王穰女，端正閑麗，未嘗窺看門戶，穰以其有異，人求之不與，年十七進之，帝以地遠不幸，欲賜單于美人，嬙對使者越席前往，後不願妻其子，吞藥而足，蓋其事雜出無所正考。自信史尚不同況傳記乎，要 之琴操最牴牾矣，案昭君南郡人，今秭歸縣有昭君村，村人生女必灼艾灸其面，慮以色選故也。 |
| 孫紹遠《聲畫集》卷一〈虢國夫人夜遊圖・蘇東坡〉 | 佳人自鞚玉花驄，翩如驚燕踏飛龍，金鞭爭道寶釵落，何人先入明光宮，宮中羯鼓催花柳，玉奴弦索花奴手，座中八姨真貴人，走馬來看不動塵，明眸皓齒誰復見，只有丹青餘淚痕，人間俯仰成今古，吳公臺下雷塘路，當時亦笑張麗華，不知門外韓擒虎。 |
| 孫紹遠《聲畫集》卷八 畫壁雜畫〈王維吳道子畫・蘇子由〉 | 吾觀天地間，……美人婉娩守閑獨，不出庭戶修容止，女能嫣然笑傾國，……。 |
| 孫紹遠《聲畫集》卷二 美人〈續麗人 | 深宮無人春日長，沈香亭北百花香，美人睡起薄梳洗，燕舞鶯啼空斷 |

| 行‧蘇東坡〉 | 腸，……。 |
| --- | --- |
| 孫紹遠《聲畫集》卷二 美人〈章質夫寄惠崔徽真〉 | 玉釵半脫雲垂耳，亭亭芙蓉在秋水，當時薄命一酸辛，千古華亭奉君子。水邊何處無麗人，近前試看丞相嗔，不如丹青不解語，……。 |
| 陳思《書苑精華》卷五〈唐人書評〉 | 衛夫人書如插花舞女，低昂美容，又如美女登臺，仙娥弄影，紅蓮映水，碧昭浮霞。桓夫人書如快法入陣，屈伸隨入。 |
| 陳思《書小史》卷二〈傳后女王，傳一〉 | 和熹鄧皇后諱綏，太傅禹諳孫也。六歲能史書，十二通詩論語，志在級典籍，母嘗非之曰，汝不習女工以供衣服，乃更務學寧當舉博事耶。后重違母言，書修婦業，暮誦經典，家人號曰諸生。 |
| 董史（約1205-1274）《皇宋書錄》外篇〈狀元黃由妻平江胡氏號惠齋〉 | 夫人號惠齋，有文章，兼通書畫，給事公女也。吳人多相傳其嘗因几上凝塵戲畫梅一枝，乃題百字令其上云，小齋幽僻，久無人到此，滿地狼藉，几案塵生多少憾，把玉指親傳蹤跡，畫出南枝，正開側面，花蕊俱端的，可憐風韻，故人難寄消息。非共雪月交光，這般造化，豈費東君力，只欠清香來撲鼻，亦有天然標格，不上寒 |

| | 窗，不隨流水，應不鈿宮額，不愁三弄，只愁羅袖輕拂。 |
|---|---|
| 董史《皇宋書錄》外篇〈悟空道人徐氏〉 | 朝天詩集內有有跋悟空道人墨跡云，臨口教授詵之之母徐氏，諱蘊行，自號悟空道人，學虞書，得楷法，多手鈔佛書。 |
| 董史《皇宋書錄》外篇〈蓬萊女官…〉 | 後山詩畫云，口口里黃氏，詩作謝禮，書效魯直，妍妙可喜，陳無己詩云，蓬萊天子補天手，筆妙詩清萬世功，肯學黃家元祐腳，信知人厄匪天窮。 |
| 董史《皇宋書錄》外篇〈妓女英英〉 | 隱居詩話云，楚州有官妓王英英，善筆札，學顏書體，蔡襄頃教以筆法，晚年作大字甚佳。梅堯臣贈之詩云，山陽女子大字書，不學常流事梳洗，親傳筆法中郎孫，妙盡蠶頭魯公體。 |
| 董史《皇宋書錄》外篇〈妓楚珍〉 | 楚珍者，不知姓，本彭澤娼女，善三色書，草篆八分皆工，家藏長沙古帖，標籤皆其題者。宣和間有跋其後者云，楚珍，蓋江南奇女子，初雖豪放不群，終以節顯，吾嘗見其過湖詩，清勁簡遠，大有丈夫氣，故知此人胸中不凡。 |
| 鄧椿（約1109-1183）《畫繼》 | 朝議大夫王之才妻崇德郡君李氏，公擇之妹也。能臨松竹木石，見本即為 |

| 卷五〈世冑婦女〉 | 之，卒難辨，又與可每作竹以貺人。……作詩曰，偃蹇宜如李，揮毫已逼翁，衛書無遺妙，琰慧有餘工，熟視疑非筆，初披颯有風，固藏惟謹鑰，化去或難窮，……。 |
| --- | --- |
| 鄧椿《畫繼》卷五〈世冑婦女〉 | 和國夫人王氏，顯恭后之妹，宗室仲輗之室也，善字畫，能詩章，兼長翎毛，每賜御扇，即翻新意仿成圖軸，多稱上旨，一時宮邸珍貴其跡。 |
| 鄧椿《畫繼》卷五〈世冑婦女〉 | 文氏，湖州第三女，張昌嗣之母也，居陣湖州始作黃樓障，欲寄東坡，未行而湖州謝世，遂為文氏奩具，文氏死，復歸湖州孫，因此二家成訟，文氏嘗手臨此圖于屋壁，暮年盡以手訣傳昌嗣，今昌賜亦名世矣。 |
| 鄧椿《畫繼》卷五〈世冑婦女〉 | 章友直之女煎，能如其父以篆筆畫棋盤，筆畫相似。 |
| 鄧椿《畫繼》卷五〈世冑婦女〉 | 任才仲妾豔豔本良家子，有絕色，善著山色，才仲死鍾賊，不知所在。 |
| 鄧椿《畫繼》卷五〈世冑婦女〉 | 陳暉晦叔經略子婦桐廬方氏，作梅竹極清遠，又臨蘭亭并自作草書俱可觀。 |
| 鄧椿《畫繼》卷十雜說 | 畫院界作最工，專以新意相向，嘗見一軸甚可愛玩，畫一殿廊金碧焜燿朱門半開一宮女露半身于戶外，以箕貯 |

| | 果皮作棄擲狀。……高麗松扇如節板狀，……所畫多作士女乘車跨馬踏青拾翠之狀，…..山谷題之云，……蘋汀游女能騎馬，傳道蛾眉畫不如，……。 |
|---|---|
| 周密（1232-1298）《思陵書畫記》〈諸畫裝褫尺寸定式〉 | 搜訪到古畫，內有破碎不堪補褙者，令畫房依原樣對本臨摹。進呈訖，降付莊宗古依元本染古槌破，用印裝造，劉娘子位并馬興祖膽畫。 |
| 周密《志雅堂雜鈔》〈圖畫碑帖〉 | 余家有墨妝圖，不知所出，後見周宣帝傳位太子，自稱天元皇帝，禁天下婦人不得粉黛，自非宮人者黃眉墨妝，方知所出。 |
| 蘇軾（1037-1101）《六一題跋》卷八〈唐昭懿公主碑〉 | 右昭懿公主碑。……公主代宗女也，號升平公主，嫁郭氏，公主之號自漢以來始有，謂天子之女禮不自主壻以公主之因以為名爾，後世號某國公主者，雖實不以國公為主而名猶不失其義，唐世始別擇姓名以加之如升平之類是也，已失其本義矣。 |
| 陳思《書小史》卷二〈諸女〉 | 蔡琰字文姬，即中郎邕之女也。博學有才辯，工書，善章書，適河東衛仲道，夫亡無子，歸寧于家。興平中天下喪亂，文姬為胡騎獲，沒于胡中十 |

| | 二年。曹操素傭與邕善，痛其無嗣，乃遣使者以金璧贖之而重嫁于董祀。祀為屯田都尉犯法當死，文姬詣曹操請之，乃原祀罪。操因問曰，聞夫人家先多墳籍，猶能記憶之否，文姬曰，昔亡父賜書四千許卷，流離塗炭罔有存者，今所誦憶裁四百餘篇耳。操曰，今當使十吏就夫人寫之，文姬曰，妾聞男女之別，禮不親授，乞給紙筆，真草惟命，于是繕寫送之，文無遺誤，……。 |
|---|---|
| 董史《皇宋書錄》外篇〈狀元黃由妻平江胡氏號惠齋〉 | 夫人號惠齋，有文章，兼通書畫，給事公女也。吳人多相傳其嘗因几上凝塵戲畫梅一枝，乃題百字令其上云，小齋幽僻，久無人到此，滿地狼藉，几案塵生多少憾，把玉指親傳蹤跡，畫出南枝，正開側面，花蕊俱端的，可憐風韻，故人難寄消息。非共雪月交光，這般造化，豈費東君力，只欠清香來撲鼻，亦有天然標格，不上寒窗，不隨流水，應不鈿宮額，不愁三弄，只愁羅袖輕拂。 |
| 劉道醇（約1028-1098）《聖朝 | 王居正，(王)拙之子也，……師周昉士女略得其妙。……評曰：……王居正 |

| | |
|---|---|
| 名畫評》卷一〈能品十九人〉 | 士女，盡其閑冶之態，蓋慮精意密，動切形似。 |
| 董逌（1079-1140）《廣川畫跋》（1120）〈畫七夕圖後〉 | 圖作乞巧，自陸探微後皆爲穿縷采綺樓繡閣，又爲美女錯立，謂織女善女工而求者得巧，此圖皆異。惟衣冠偉男子拜空中乘車女子，號曰七夕圖。 |
| 董逌《廣川畫跋》〈跋仁智圖後〉 | 右列女圖，自密康公母至趙將括母凡十五圖。考于劉向傳，此乃畫仁智一卷像也。所題頌即傳所載王回傳序云：人嘗見母儀賢明四卷于江南人家，其畫爲古佩服而各題其頌像側，與此正同。予案列女之目七，古皆有畫。世所傳特母儀賢明仁智三圖而已。 |